교회선생님의 힘

The Strength of Sunday School Teachers

교회선생님의 힘

홍민기

규장

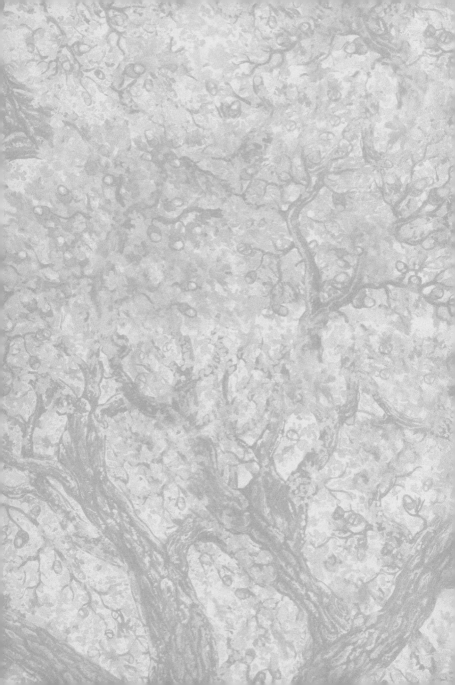

《교사의 힘》이 나온 지 어느새 20년이 지났다.

그동안 다음세대 사역 환경이 참 많이 바뀌었다.

교회마다 다음세대에 대한 안타까움이 늘어나고

탄식이 늘었다.

그러나 전국에 헌신하며

눈물로 아이들을 위해 사역하는 교사들이 아직 많다.

그들이 있는 한 마지막 전선(前線)은

무너지지 않을 것이다.

20주년을 기념하여

다시 한번 선생님들에게 힘이 되어드리고 싶다.

다음세대 현장이 너무 많이 변화된 것도 있지만,
저자로서도 20년의 세월은 큰 변화를
겪을 수밖에 없는 시간이기 때문에
그 변화를 담아보려고 애썼다.

시대는 변해도 본질은 변하지 않는다.
여전히 뜨거운 열정보다는 따뜻함이 있는 사역,
변화보다는 함께함으로, 부흥보다는 사랑으로 세워지는
다음세대 사역이길 바란다.
다음세대 사역의 시작은 예나 지금이나
관계를 맺는 것이다.

그 관계를 맺기 위해 교사는 값을 치러야 한다.

헌신은 희생으로 이어지기 마련이다.

그러나 분명한 것은 그 희생으로 꽃이 핀다.

열정밖에는 승부 걸 것이 없었던

전도사 시절부터 지금까지

30년이 훌쩍 넘는 세월 동안 남은 것은 사람뿐이다.

시간은 지나가고,

고난과 영광도 지나가지만 사람은 남는다.

그리고 사람은 모두 나이를 먹는다.

다음세대도 잠시 그때만 다음세대일 뿐

빠르게 성장한다.

그 ‘잠시’라는 시간에 우리는 승부를 걸어야 한다.
그 ‘잠시’라는 시간이 너무나 빠르게 지나가지만,
그 ‘잠시’의 시간에 촘촘한 틈을 뚫고
아이들을 만나 관계를 맺는 교사를 통해
그들은 길을 찾고 힘을 얻는다.

내게도 평생 잊히지 않는 선생님이 계신다.
생각만 해도 울컥해지는 내 편이셨던 그 선생님.
아마 우리 모두에게 그런 선생님이 계실 것이다.
당신도 아이들에게 그런
평생 잊히지 않는 선생님이 되어주길 바란다.
지금도 곳곳에서 아이들을 향해 옮기는
선생님들의 발걸음이 아이들을 살린다.

오늘 교회선생님의 사역은 의미가 있다.
오늘 뿌린 물방울이 작은 씨앗을
거대한 나무로 키울 수도 있다.

그 사역에 오늘도 주께서 새 힘을 주시길
그 사역에 오늘도 주께서 새 행복을 주시길
간절히 기도하며…

여러분과 함께 주님을 섬기는
홍민기 목사

프롤로그

PART 01
관계 맺음에서 사역이 시작된다

PART 02
사랑이 변화시킨다

PART 03
성실한 준비가 열매를 맺는다

The Strength of Sunday School Teachers

PART 1

관계 맺음에서
사역이 시작된다

너 죽는 꼴 못 본다

예수께서 십자가를 지시고 우리의 죗값을 치르기 위해 십자가를 선택하셨다. 예수님은 십자가에서 고통을 당하시고 죽음을 맞으셨다.

'나는 너 죽는 꼴 못 본다. 내가 대신 죽는다.'

주님은 그 마음으로 십자가를 지셨다. 도저히 자신의 자녀들이 죽는 꼴을 못 보시고 그 십자가의 길을 가셨다.

이것이 복음이다.

진심과 지속

교사는 아이들을 바라볼 때 이 마음만 있으면 된다.

"나는 너 죽는 꼴 못 본다!"

무엇을 가르치기 전에, 교사의 마음속에 그 사랑이 있어야 한다. 아이들의 마음을 여는 것은 탁월한 친숙함이나 말을 잘하는 능력이 아니라 진심이다. 진심은 나라와 민족을 초월하여 통한다.

교사 세미나나 강습회에 가면, 좋은 교사가 되기 위해선 무엇을 준비해야 하느냐는 질문을 많이 받는다. 많은 사람이 아이들을 잘 가르칠 수 있는 구체적인 테크닉이 필요하다고 생각하겠지만, 테크닉은 사람을 변화시킬 수 없다. 아이들을 진심으로 대하면, 그때부터 사역이 시작된다.

특히, 나이가 많으신 선생님들이 자주 하는 질문은 이것이다.

"아이들에겐 그래도 청년 선생님이 더 좋겠지요?"

나이가 많아서 아이들과 소통하는 데 어려움이 있다는 뜻이 내포된 질문이다.

물론, 젊은 교사들이 아이들과 관계를 맺는 데는 훨씬 빠른 게 사실이다. 그러나 지속적인 관계를 맺는 데 나이는 문제가 안 된다.

　젊은 선생님들처럼 관계를 빠르게 잘 맺고 친해지는 데는 조금 어려움을 겪을 수는 있어도, 연륜이 있고 인생 경험이 충분한 중장년 선생님들의 강점도 분명히 있다. 특히 자녀를 키워본 분들이라면 그 경험이 아이들을 대할 때 많은 도움이 된다. 기죽지 말고 있는 모습 그대로 지속적인 사랑을 보여주면 아이들은 마음을 연다.

　반대로 탁월한 친화력으로 아이들과 빠르게 친해졌대도 지속적이지 않은 교사에게는 아이들이 실망하기 마련이다. 아이들은 '변함없는 안전한 관계'를 원한다. 처음에는 무엇이든 같이 할 것처럼 말하나, 실제로는 아이들과 전혀 시간을 함께 보내지 않는 경우가 많다. 그래서는 절대 교육이 되지 않는다. 지속적인 관심과 진심 없이 말로만 외치는 것으로는 아이들에게 어떤 영향력도 끼칠 수 없다.

　말로만 외치는 것으로는
　절대 교육이 되지 않는다.

진심과 지속이 아이들을 변화시킨다.

한 번 잘해주는 것은 누구나 할 수 있다. 그러나 변치 않고 그 자리에 있어주는 것은 아무나 할 수 없다. 우리는 아이들 곁에 있어주어야 한다.

두 가지 희생

많은 선생님들이 아이들과 관계를 어떻게 맺어야 하느냐는 질문을 한다. 무슨 말을 하고 어떻게 다가가야 하는지, 무엇으로 시작해야 하는지 아이디어를 달라는 것이다.

일단, 아이들이 먼저 교사와 관계를 맺고 싶어 하는 경우는 드물다. 우리가 다가가야 한다. 관계를 맺으려면 교사의 헌신과 희생이 필요하다.

특히 두 가지 헌신이 필요한데, 그건 바로 시간과 돈이다. 시간과 돈을 써야 사람이 남는다.

희생을 영어로 'Sacrifice'라고 한다. 그런데 제사도

'Sacrifice'이다. 희생 없는 제사는 없다. 사랑한다는 말 백 마디보다 햄버거 하나를 함께 먹는 것이 훨씬 낫다.

종종 교사 강습회나 집회 같은 데 가면 아이들이 변화된 간증을 하곤 하는데, 그건 한두 번 좋은 메시지를 들려주어서 일어난 변화가 아니다. 그 설교를 듣고 적용해 보다가 '왜 아무런 변화가 없지?'라며 실망할 필요 없다. 안 될 수밖에 없다.

내가 이야기하는 변화된 아이는, 햄버거 하나 먹은 아이가 아니라 열 개, 스무 개, 백 개 먹은 아이다. 그 시간이 쌓이고 쌓여서 변화되는 것이다. 한 번에 되지 않는다.

지속적인 관심과 사랑을 가지고 만나면서 관계를 쌓아가는 것이 중요하다. 문제는 아이들을 만나는 게 생각보다 쉽지 않다는 점이다. 요즘 아이들은 정말 바쁘다. 그런데 우리도 바쁘니 만남 자체를 성사시키는 것이 사역의 시작이다.

만남의 기술

아이들을 만날 때는 1대1이나 1대2가 좋다. 세 명부터는 소그룹이 되어버린다. 소그룹으로 만나면, 아이들은 자기들끼리 이야기한다. 교사는 그날의 물주가 된다.

어떤 선생님은 자신은 매주 아이들에게 먹을 것을 사주며 시간을 내어주는데, 아이들과 관계가 형성되지 않는다고 어려움을 토로한다. 여러 이유가 있을 순 있지만, 대개 그런 경우 반 아이들을 다 데리고 가서 회식을 했을 가능성이 높다.

1대1로 만나라

나는 1대1의 중요성을 강조하고 싶다. 자신만을 위해

마련된 시간, 자신에게만 집중하는 그 만남이 마음을 여는 계기가 된다. 반 회식은 일 년에 한두 번만 하고 1대1 만남에 총력을 다해보자.

다만, 이성 제자를 만날 때는 1대2로 만나는 게 좋다. 특별히 청년 교사들은 아직 어린 제자라 해도 이성일 경우 꼭 1대2로 만나길 권면한다.

첫 만남에서부터 자신의 이야기를 하는 아이들은 별로 없다. 사춘기를 맞이한 아이들은 더더욱 그렇다. 그러나 한 번의 만남이 두 번, 세 번으로 이어지면서 누군가에게 평생 잊히지 않는 교사가 될 수 있다.

만남의 기술

아이들과 관계를 맺기 위해 1대1 만남을 권면하지만, 사실 1대1 만남은 아이도, 교사도 부담스럽다. 그래서 거창한 계획을 세우고 비장하게 만나는 것보다는 짧게 여러 번 만나는 것이 좋다.

'그냥' 만나야 한다. 그것이 제일 좋은 만남이다.

"밥 먹자."

"왜요, 선생님?"

"응, 내가 너한테 긴히 할 말이 있어."

이러면 만나고 싶다가도 그 마음이 싹 달아날 것이다.

"그냥~. 밥 먹는 데 이유는 무슨~."

그리고 진짜 밥만 먹어라. 심각한 이야기 하지 말고, 신앙 이야기 하지 말고.

아이들이 먼저 말하기 전에 무언가를 가르치려고 하지 말고 밥만 먹는 게 키포인트다.

밥을 다 먹고 나면 "잘 가" 하고 헤어진다. 애들 말로, 쿨하게.

어쩌면 아이가 물을지도 모른다.

"선생님, 진짜 하실 말씀 없으셨어요?"

"응, 없어."

"근데 왜 부르셨어요?"

"그냥, 밥 먹자고~! 잘 가."

이렇게 밥을 한 번 두 번 먹다 보면, 한 번 두 번 만나다 보면 가만히 있어도 아이들이 고민을 이야기한다. 그렇게 차차 서로 고민하며 나누면 된다.

우리는 해답을 가지고 있는 사람이 아니다.
그냥 아이들 편에 서 있는 사람이다.

Q 심방하는 방법이 궁금해요. 요즘 아이들은 너무 바쁜데,
   시간을 어떻게 맞추는 게 좋나요?

A 아이들을 만나는 것은 교사의 사역에서 가장 중요한 부분 중
   하나다. 심방 없는 교육 목회는 없다. 아이들은 대개 학교나
   학원에 있는 시간이 많으니, 그 시간을 잘 맞추면 어렵지 않
   게 만날 수 있다.
   함께 등교하는 것도 좋다. 부모님에게 허락을 구한 후에 아
   이를 픽업하여 맥도날드에서 간단하게 아침 식사를 하고 학
   교에 데려다주면 참 좋은 시간과 추억이 된다.
   하교 후에는 학원 등의 여러 일정으로 바쁜 경우가 많기 때문
   에 학교가 끝나는 시간이나 학원이 끝나는 시간을 이용하는
   것이 좋다. 짧은 시간이지만 그 시간을 잘 활용하면 자신에게
   관심을 가져주는 선생님에게 아이는 마음을 확 열게 된다.

chapter

03

준비하지 말고 만나라

교사는 가르치고 싶은 게 많다. 예수님을 소개하고 싶고, 또 인생도 나누고 싶다. 하지만 절대 서두르지 말라. 아이들이 소중하면 가르치려고 하기보다 그 아이들을 바라보라.

그냥 만나야 오래간다. 부담되지 않는 만남이 길게 간다. 준비하지 않는 만남이라야 자유로운 대화가 가능하다.

제일 좋은 만남은 그냥 만나는 것.
그냥 만나도 좋은 만남이 되는 것.

아이를 만나면 그냥 햄버거만 함께 먹어도 좋은데, 갑

자기 "산책이나 할까?"라고 한다. 항상 의자에 앉아만 있는 아이들이니, 걸으며 이야기를 나누면 얼마나 좋을까 싶어서 하는 제안이다.

하지만 아이들이 제일 싫어하는 게 산책이다. 그것도 아직은 낯선 어른과 말이다.

선생님이 산책하자 하니 어쩔 수 없이 따라나선 아이에게 선생님은 준비된 질문을 한다.

"요즘 어떻게 지내니?"

"예, 잘 지내요."

"아니, 그냥 잘 지내는 것 말고 네 마음속 깊이 어떤 것 같아?"

그 순간 아이들은 그 자리를 어떻게 해서든 빠르게 피하고 싶어진다. 그리고 친구들에게 이야기한다.

"선생님이 부르시면 너희는 절대 나가지 마!"

아무리 좋은 의도라 할지라도 아이들 스스로 자신의 이야기를 꺼내기 전까지 함께하며 기다려주지 않으면, 절대 마음으로 나눌 수 있는 사이가 될 수 없다.

너무 비장하지 말라

첫 만남을 잘 보내보려고 준비하지 말라. 어떤 이야기를 해줄까 하는 생각을 버려라. 가르치거나 조언하려고 하지 말고 그냥 듣자. 아이들이 아무 말도 안 할 수도 있다. 그렇더라도 너무 긴장하지 말라. 아무 말이라도 해서 그 어색함을 없애려고 애쓰지 말라. 그냥 기다리면서 여유를 가져야 한다.

처음부터 편한 만남은 없다. 청소년 사역을 오래 했어도 마찬가지다. 아이들과의 첫 만남은 다 쉽지 않다. 관계를 맺기도 전에 정답만을 말하려는 교사는 진정으로 마음을 여는 대화를 막는 장애물이 된다. 특히 자신이 정답이라고 생각하는 교사는 더 '밥맛'이다. 정답을 말하는 사람이 아니라 아이들 편에 서주는 교사가 되자. 그럴 때 아이들이 감동한다.

목적을 가지고 만나면 감동이나 재미가 없다. 변화도 일어나지 않는다. 아이들도 일단 경계한다. 아무리 좋은 목적이라도 아이를 좋아하고 만나고 싶어 하는 교사의 마음이 더 중요하다. 교사로서 아이들에게 항상 뭐라도 가르쳐주고 싶고, 나누고 싶더라도, 그 또한 관계가 형성된 후에 해야 한다.

응원의 한마디

아침부터 저녁까지 부모님과 학교 선생님, 학원 선생님들에게 '옳은 말, 그러나 잔소리'를 끊임없이 듣고 있을 아이들에게 우리의 말 한마디가 응원이 되었으면 좋겠다.

나는 아이들에게 작은 카드나 쪽편지를 많이 보냈었는데, 그러고 나면 바로 친해지곤 했다. 특별한 내용을 담지도 않았다. "오늘 하루 파이팅!" 같은 아주 짧은 메시지였다. 거의 대부분의 소통을 휴대폰으로 하는 요즘 아이들에게 손편지는 새로운 감동이 될 수 있다.

교회에서 예배에 나올 아이들을 기다리는 것은 교사의 사역 중 가장 작은 부분이다. 어느 한 반을 맡았다면,

그는 그 영혼들의 목자다. 목자는 양을 향해 찾아가야 한다. 양을 기다리기만 하는 게 아니다.

아이들을 찾아가야 한다. 막상 아이들을 찾아가면 외면을 당하기도 하고, 어색하기도 하고, 썰렁한 분위기가 되기도 하지만, 그렇게 아이들을 찾아가다 보면 평생 잊히지 않는 교사가 된다.

chapter

04

아이들이 있는 곳으로

아이들은 주로 학교나 학원에 있다. 아이들을 교회에서 기다리는 시대는 지난 지 오래다. 학교 등교 시간, 하교 시간을 최대한 활용할 필요가 있다. 아이들이 있는 곳으로 가지 않으면 아이들을 만날 수 없다. 대개 아이들은 몇 군데 뭉쳐 있기 때문에 찾아가기가 편하다.

교문 앞에서 하이파이브

예전에 청소년 사역을 할 때 한창 많이 했었던 게 '하이파이브 운동'이었다. 등교 시간에 학교 앞에서 아이들과 힘차게 외치며 하이파이브를 하는 것이다.

"화이팅! 좋은 날이 될 거야!"

이 한마디에 아이의 하루가 달라진다. 처음에는 쑥스러워하던 아이들도 지속적으로 오는 교사의 손을 힘 있게 마주치며 하이파이브를 한다. 한 번 시도해서 열매 맺는 건 없다. 특히 교육은, 절대 한 번으로 승부가 나지 않는다.

별것 아닌 것 같지만, 아이들과 인사하면 소중한 추억이 남는다. 요즘같이 개인 SNS가 활발한 시대에는, 이런 행복한 모습을 SNS에 올리는 것도 공동체에 큰 도움이 될 수 있다.

언젠가 학교 앞에서 아이들과 하이파이브를 하고 있는데, 여학생 한 명이 쪽지 하나를 내 손에 스윽 쥐여주고 갔다. 쪽지를 펴보니 "죽고 싶다"라고 써 있었다.

우리 교회에 나오는 아이는 아니었다. 쪽지에 전화번호가 적혀 있었다. 나는 바로 문자를 보냈다.

"죽기 전에 떡볶이 먹자."

바로 연락이 왔고, 떡볶이를 장장 두 시간 동안 먹었다. 그 아이는 떡볶이를 먹으며 한참이나 자신의 인생 이야기를 했다. 떡볶이를 먹고, 오뎅과 아이스크림까지 먹은 후에 아이가 물었다.

"목사님, 교회는 몇 시에 모여요?"

"너 불교 집안이라며?"

"아니, 그러니까 몇 시에 모이냐고요?"

"왜? 오려고?"

"한 번 가보죠, 뭐."

"왜?"

교회 와보겠다는 아이를 두 팔 벌려 환영하기는커녕 떨떠름하게 반응하는 내가 이해가 안 간다는 듯 아이는 물었다.

"아니, 목사님은 교회에 오라고도 안 하시고 왜 그러세요?"

"난 너 교회 오라고 떡볶이 사준 거 아니야. 안 와도 돼."

"아니, 몇 시냐고요?"

"오지 말라니까! 근데 떡볶이 먹고 싶으면 연락해."

이렇게 시작된 만남은 지금까지도 이어지고 있다. 지

금은 결혼하여 아이 낳고 엄마로 잘 살아가고 있다.

　　그냥 듣고,
　　그냥 만나고,
　　그냥 사주고,
　　그냥 기다리면 된다.
　　주일학교 사역이 안 된다고
　　함부로 말하지 말고
　　아이들을 만나자.
　　안 되는 게 아니라 안 하는 거다.

등하교 시간을 활용하라

　학원 끝나는 시간에 맞춰서 아이들을 집에 데려다주는 사역도 좋다. 편의점에서 간단한 간식을 하며 따뜻한 이야기를 나누면 짧은 시간이지만 아이들과 관계를 맺고 아이들의 속마음을 들을 수 있는 좋은 시간이 된다.

　가끔은 특별하게, 남자아이들이 좋아하는 풋살장을

빌려서 함께 시간을 보내고 추억을 남기는 것도 좋은 아이디어가 된다.

요즘, 주일학교가 안 된다고 쉽게 말한다. 하지만 주일학교 사역은 주일에 잠시 하는 사역이 아니다. 주일에 이뤄지는 짧은 성경공부를 위해 교사는 주중에 아이들을 만나고, 기도하며, 준비하는 사람이다. 주일 하루만 잠깐 아이들 만나면서 주일학교 사역이 안 된다고 하지 말라. 그건 안 한다고 말하는 것이 맞다.

물론, 사회 전반적으로 출산율이 줄면서 아이들 인구 자체가 많이 줄었지만, 그래도 아직 교회에 다니지 않는 아이들이 훨씬 많다.

지금 우리가 책임져야 할 아이들을 사랑하고 그들에게 충실하면, 그 아이들은 친구들을 데리고 온다. 주일학교가 다시 부흥할 수 있다.

교회에서 기다리지 말고 그들을 향해 찾아가라.

하굣길에서 아이들과 함께

학원이나 집으로 향하면서

짧게 만나는 것도 너무 소중한 시간이다.

　교사가 주중에 아이들을 만날 시간을 내는 것이 어렵다면, 주말이나 주일 예배 후 시간을 잘 활용해보자. 하나님이 내게 보내주신 아이들이 믿음의 삶을 이어가도록 그들의 손을 잡아주고 옆에 있어주는 교사가 되자.
　그들을 위해 기도하는 것은 기본이다. 아무리 기도해도 교회에서 아이들을 기다리기만 해서는 아무런 일도 일어나지 않는다. 그들을 향해, 그들이 있는 곳으로 적극적으로 찾아가자. 만나고자 하면 만나진다.

늦은 밤 학원 앞으로

　내가 미국에서 사역하다가 처음 한국으로 들어왔을 때 가장 기겁하고 놀란 것이, 아이들이 아침 7시에 학교에 가서 밤 12시에 집에 온다는 것이다. 그렇게 집에 가서도 "수고했다. 얼른 쉬어라"라는 말 대신 "오늘 똑바로 공부했니?"라는 추궁이 쏟아지기 일쑤다.

그러니 그 늦은 시간에 학원이 끝나고도 아이들은 집에 가는 게 싫다. 그런데 학원 끝나고 집에 안 갈 수 있는 방법이 있을 리가.

밤 11시, 12시 되어서 학원이 끝났는데 엄마한테 바람 좀 쐬고 들어가겠다고 할 수 있겠는가, 친구랑 야식을 먹고 들어가겠다고 하는 게 가능하겠는가? 그런데 '목사님이 오셨다'고 하는 건 그래도 괜찮았다.

그때 내가 담당했던 고등부 아이들이 50여 명 되었는데, 그 아이들이 다니는 학원이 예닐곱 군데 정도 되었다. 그래서 그 학원들을 요일별로 매일 돌아가면서 찾아가서 아이들 끝날 시간 즈음에 학원 앞에 딱 서 있었다.

학원에서 수업 마치고 내려오는 애들은 대부분 넘어지지 않을 정도만 눈을 뜨고 거의 눈을 감은 채 내려온다. 그리고 학원버스에 타자마자 눈을 딱 감아버린다. 그런데 우리 교회 아이들은 위에서부터 막 뛰어 내려온다. 아이들이 그렇게 좋아할 수가 없다. "우리 어디 갈 거예요? 우리 뭐 먹으러 가요!" 하면서 난리가 난다.

그때 제자들을 지금도 종종 만나는데, 내 어떤 설교

때문에 변화됐다는 아이는 한 명도 없다. 대부분의 아이들이 이런 얘기를 한다.

"목사님, 그때 해장국 기억나세요? 그때 떡볶이 기억나세요? 저 너무 힘들 때 목사님이 데리고 가주셨던 데가 기억나요!"

만날 방법이 있다

코로나19 팬데믹을 겪으면서 환경적으로 많은 부분이 변했다. 지난 몇 년 간 우리나라뿐만 아니라 세계적으로 모든 오프라인 사회 활동이 위축되었고, 교회 역시 마찬가지였다.

예배의 최소화는 물론이고 모든 모임과 활동이 거의 중단되다시피 했다. 그런 상황에서 아이들을 어떻게 만날 것인가가 새로운 숙제였다.

그러나 궁리하면 방법이 생긴다. 코로나 당시 아이들과 치킨을 먹기로 했는데, 식당에서 만나 함께 먹을 수가 없으니 만나기로 한 아이들의 집으로 치킨을 한 마리씩

시켜주고 나도 치킨 한 마리를 시켰다. 그리고 줌(Zoom)으로 만났다.

영상을 켜놓고 각자 치킨을 먹으며 온라인으로 만나는데, 나는 그 상황이 너무 이상하고 적응이 안 되었다. 하지만 아이들은 전혀 문제가 없었다. 오히려 너무 편하고 좋다는 것이다. 옷을 안 갈아입어도 되고, 안 씻어도 되고, 안 나가도 되니 말이다.

수련회도 온라인으로 해봤다. 강사들은 영 불편한데, 아이들은 좋아했다. 화장실 안 불편하지, 잠자리 안 불편하지, 게다가 설교 시간에 일방적으로 듣기만 하다가 온라인 영상으로 진행을 하니 실시간으로 채팅 멘트들이 날아오기 시작했다. 실시간 소통이 이뤄지는 쌍방향 집회가 되었다.

온라인으로 만나기 시작하니까 더 많은 아이들을 만날 수 있었다.

방법은 달라질 수 있지만,
본질은 변하지 않는다.

아이들과의 만남은 계속되어야 한다. 아이들은 헌신된 교사를 통해서 하나님을 만난다.

만남이 끊어지면 성경공부는 무의미하다. 아이들은 귀로 듣는 것이 아니라 가슴으로 듣기 때문에, 제대로 된 성경공부를 하려면 먼저 관계 형성이 이루어져야 한다.

Q   나이 먹고도 교사를 할 수 있을까요? 아이들이 좋아할
    까요?

A   물론이다. 청년 교사들이 아이들과 좀 더 빠르게 친해질 수
    는 있다. 하지만 가장 중요한 것은 지속성이다. 대개 나이가
    있는 분들은 부모의 마음으로 아이를 대한다. 관계를 형성하
    는 데까지는 시간이 걸릴 수 있지만, 그렇게 맺어진 관계는 지
    속적일 때가 많다.
    나이 때문에 교사를 그만두거나 망설일 이유는 없다. 오랫동
    안 교사를 해온 사람은, 경험 있는 현장 전문 사역자다.
    그러나 자신의 현장 경험을 통해 젊은 담당 사역자의 사역을
    반대하고 가르치려 한다면, 그때는 오히려 그만두는 것이 좋
    다. 그것은 나이의 문제가 아니라 그 사람의 인격과 신앙의
    문제다.

교회학교 사역의 무림비급

20년 전 나는 교회학교 중고등부 교사였다. 애송이 초짜 교사. 이때 만난 제자들이 어느덧 30대 초중반이 되었고, 그중 더러는 우리 교회에 소속되어 있으며, 사석에서는 나를 목사님이 아닌 '쌤'이라고 부른다.

처음 교사를 맡았던 때를 기억한다. 군대를 제대하고 모교회에 돌아왔을 때 교회에는 열 명 남짓의 청소년이 있었고, 출산을 위해 사역을 내려놓으신 여 전도사님을 대신해서 내가 '청소년 담당 간사'의 역할을 맡게 되었다.

그때 나는 회심한 지 얼마 안 되었기에 마음이 활활 타오르고 있었으며, 열정이 있었다. 하지만 정작 청소년 사역을 어찌해야 하는지 방법을 전혀 몰랐다. 뭔가 되려다가 주저앉고, 모이려다 말았으며, 어렵게 데려온 새친구들은 또다시 교회에 나오지 않았다.

그렇게 몇 달이 지났다. 나는 좌절하고 낙심했다.

'아, 내 가슴에 복음의 열정이 이렇게 타오르는데, 왜 사역이 되지 않는단 말인가. 주여, 내게 지혜를 주소서!'

이것이 내 힘으로 되지 않는다는 것을 인정하고, 어떻게 해야 하나 궁리하다가 동네의 기독교 서점을 찾아갔다. '청소년, 교회학교, 교사'라는 단어가 들어간 책을 열 권 정도 구매했던 것 같다.

어떤 교수님의 책은 지루했고, 어떤 목사님의 책은 우리 교회의 실정과 맞지 않는 것 같았다. 그러다가 당시 노란색 표지였던 홍 목사님의 《교사의 힘》을 손에 쥐고 읽어내려가기 시작했다. 이건 '무림비급'(武林秘笈)이었다!

무협지를 보면 주인공은 강호를 향한 큰 뜻을 품고 정의를 실현하려 하지만 무력하다. 악당들에게 무참하게 당한다. 목숨을 부지하기 위해 도망치다가 절벽에서 떨어진다. '아, 이렇게 죽는구나' 싶을 때 기이한 인연을 만나게 된다. 인생의 바닥에서 스승을 만나 '무림비급'을 전수받는다. 그리고 다시 싸우러 나아간다.

비로소 싸울 수 있는 힘, 이길 수 있는 힘이 생긴 것이다. 《교사의 힘》을 읽었을 때 내 기분이 딱 이랬다.

"나는 길이요 진리요 생명이니."

물론 이것은 예수 그리스도를 지칭하는 말씀이다. 그러나 당시 나에게 청소년 사역의 길이 이 책에 있었다. 답이 안 나와서 머리를 쥐어뜯을 때 여기에 답(진리)이 있었고, '이렇게 사역하면 되는구나'라는 생명력이 내 속에서 움트기 시작했다.

책에서 하라는 대로 똑같이 했다. 길에서 청소년들을 전도하고, 떡볶이를 먹으며 시시덕거리고, 먹을 것을 사서 독서실과 학원을 찾아가고, 아이들의 이름을 부르며 눈물로 기도하고, 교회에서는 아이들을 응원하며 편들어주었다.

몇 개월이 지났을까. 나를 바라보는 아이들의 눈빛이 변했다. 길에서 나를 발견하면 "형규 쌤!" 하고 부르면서 달려와 교복 입은 녀석들이 내 손을 잡고 편의점으로 날 끌고 갔다. 예배의 분위기가 살아나고 뜨거워졌다. 아이들은 친구들을 데려오기 시작했고, 해마다 중고등부는 두 배씩 늘어났다.

나는 이 책을 통해 처음 청소년 사역을 배웠다. 그리고 이 책으로 멘토였고 스승이었던 홍민기 목사님과의 인연이 시작되어 지금 동역자의 자리에까지 오게 되었다.

홍민기 목사님의 《교사의 힘》은 나에게 있어서 '내가 읽었는데 좋았더라'라고 추천하는 책이 아니다. 전쟁터로 가는 자들에게는 병법서 같은 책이다. 모르는 단어를 사전에서 찾아보듯이, 이 책은 내가 사역을 하면서 수시로 들춰봐서 닳고 닳았던 책이고, 항상 내 머리맡에 있던 책이다. 이제 당신에게 건넨다. 🌳

내가 그 책을 좋아했던 이유

오래전에 홍민기 목사님의 저서인 《교사의 힘》을 읽고, 교육부서 사역에 큰 도움을 받았다. 그 책이 좋았던 몇 가지 이유가 있었다.

첫째로 문제 있는 교사들을 정확하게 짚어주었고, 이들을 신랄하게 비판했기 때문이다. 좋은 교사가 되려면, 자신의 문제를 정확히 파악하는 것이 필요하다. 하지만 보통 책에서는 교회와 사역자를 비판하기보다 위로하려고 한다. 책에서 홍 목사님은 평소 말투처럼, '이런 사람은 교사 하지 마라! 이런 사람은 문제 교사다!'라고 하면서, 강력한 메시지를 던져주는데, 이런 부분이 실질적인 도움이 되었다.

둘째로 교사의 기본기를 정확히 짚고 있었다. 과거처럼 헌신하는 교사가 없다는 것이 오늘날 교회학교의 공통된 문제인데, 현장에서 볼 때 가장 큰 문제는 교사들에게 기본기가 너무나도 없다는 것이다. 교사로서의 예배의 태도, 소그룹 양육을 통한 준비, 자신이 맡은 학생들을 향한 인내심 같은 것들은 교사에게 가장 기본이 되는 요소들이다. 이 책은 교사의 기본기와 기본 마음 자세를 정확하게 짚어주어 다시 한번 기본으로 돌아가게 한다는 장점이 있다.

셋째로 홍 목사님이 직접 체험한 내용을 바탕으로 쓰였다는 것이다. 상대방을 설득할 수 있는 최고의 무기는 본인의 체험이다. 특히 교회학교는 앞선 선배의 체험과 경험이 매우 중요하다. 왜냐하면 교회마다 모습은 조금씩 다르지만, 실제로 고민하고 걱정하는 부분은 거의 비슷하기 때문이다. 이처럼 체험을 바탕으로 쓰였기 때문에 교사들이 매우 현실적인 도움을 받게 된다.

마지막으로 복음적이고 성경적인 책이라는 것이다. 기독교 교육 관련 서적 중에는 지나치게 '현실 타계'나 '사역 노하우' 중심으로 흐르는 경우가 많은데, 이 책은 복음적으로 쓰였고, 교사들에게 성경적인 방향을 제시하고 있다. 그래서 이 책을 잘 소화하면 교사들이 교육의 방향을 건전하게 잡는 데 도움이 된다. 🌳

PART 2

사랑이
변화시킨다

정답은 사람을 변화시키지 못한다

누가복음 19장에 삭개오라는 인물이 등장한다. 성경은
이 인물이 얼마나 나쁜 놈인지, 이렇게 표현한다.

　"세리장이요 또한 부자라"(눅 19:2).

　자기 민족을 괴롭게 하고

　동족의 피를 빨아먹는 삭개오.

　동네에서 제일 나쁜 놈.

　그런데 그가 예수님을 만났다. 성경을 보면, 예수님은
딱 한 번 말씀하신다.

　"삭개오야, 내가 오늘 너희 집에 가련다."

　놀라운 것은 돈만 알고 살던 삭개오가 구체적으로 변

화하여 주님을 붙잡는다는 것이다. 그는 돈을 가난한
자와 속여 빼앗은 자들에게 돌려준다.

이 말씀을 볼 때마다 예수님의 능력이 참 부럽다. 우리
는 일 년 동안 제자훈련을 해도 잘 안 변하는데, 주님은
저 한마디 말씀으로 한 사람의 인생을 뒤집어놓으셨다.

정답은 누구도 변화시키지 못한다. 사람은 자신이
받으면 안 되는 큰 사랑을 받을 때 변화된다. 그 사랑
이 사람을 감동하게 하고, 그 감동이 변화의 출발점이
된다.

"괜찮아"

한창 청소년들을 지도하며 사역할 때, 방황하고 힘들
어하는 친구들을 주로 길에서 만나고 전도를 했다. 그중
에 한 아이는 어려운 가정 형편 속에서 울분과 억울함으
로 인생을 탕진하고 있던 녀석이었다.

교회에 데리고 와서 예배도 드리고, 수련회에 데려가서 함께 기도해도 큰 변화는 없었다. 비슷한 생활이 이어지고 있던 어느 날, 경찰서에서 전화가 왔다. 식당에서 몇 사람과 시비가 붙어서 폭행 사건이 일어났다는 것이다.

나는 급히 경찰서에 사정을 설명하고 부탁을 한 후에 시비가 붙은 분들을 찾아가 사죄하며 합의를 했다. 무릎 꿇고 빌기도 하고 돈도 써서 합의를 마무리한 후에 녀석을 경찰서에서 빼내어 집으로 데려가는 길이었다. 녀석이 내게 "죄송해요"라는 게 아닌가. 그런 말을 할 놈이 아닌데. 아마도 경찰관에게 얘기를 들은 것 같다. 너 때문에 목사님이 고생하신다고. 나는 그 녀석을 바라보며 말했다.

"네가 날 때린 것도 아닌데 뭐가 죄송해? 괜찮다."

'괜찮다'라는 말에 그 녀석이 털썩 주저앉아 펑펑 울었다. 그리고 그놈은 달라졌다.

수없이 많은 설교, 가르침보다 그 말 한마디가 진심을 느끼게 한 것이다. 내가 그동안 좋은 말을 얼마나 많이 해주었겠는가? 그런데도 꿈쩍도 안 하더니 "괜찮다" 한마디에 완전히 바뀌었다. 녀석은 새벽기도에 나오기 시작하더니 거의 교회에서 살면서 나를 따라다니기 시작했다. 그리고 그 과정 속에서 그 아이는 성장해갔다.

말 대신 사랑이 전해지도록

교회는 말이 참 많다. 주로 좋은 말이지만, 때로는 울리는 꽹과리와 같다. 느껴지지 않으니까, 그냥 하는 소리니까 말이다.

아이들은 아마 일주일 내내 일방적인 말들을 많이도 들었을 것이다. 가정에서도, 학교에서도, 학원에서도 그저 듣기만 한다. 다들 그들에게 정보나 자료를 주려고만 하지, 어디서도 그들과 대화하려고 하지 않는다. 그러니, 자기 생각을 있는 그대로 표현하기가 쉽지 않다.

우리는 하나님의 사람을 세워가는 교회선생님이다. 학문을 전파하는 게 목표가 아니다. 우리는 우리가 맡은 학생 한 명 한 명에게 주님이 계획을 가지고 이 땅에 보내셨음을 알게 해주고, 하나님의 사랑을 느끼게 해주는 사람이다.

정답을 말해주고
그리 살지 못하면 혼을 내는 사람이 아니라,
함께 고민하고, 함께 아파하며,
함께 즐거워하는 사람이다.
말만 하는 사람이 아니라,
함께 있어주는 사람이다!
우리는 교회선생님이다.

chapter

06

끝까지 편들어주는 선생님

편들어주는 것은 사랑의 다른 표현이다. 내가 만난 많은 아이들이 내게 이런 말을 했다.

"목사님, 저는 진짜 꼴통이에요. 우리 아버지도 꼴통이라고 그러고, 우리 엄마도 그러고, 선생님도 그러세요."

나는 이렇게 말하는 아이에게 이런 말을 들려주었다.

"아무리 많은 사람이 너를 '꼴통'이라고 해도 성경에는 네가 꼴통이란 말이 없어. 하나님은 너를 꼴통으로 창조하지 않으셨다. 하나님의 형상대로 지어진 네가 꼴통이면 하나님이 꼴통이란 말이냐? 하나님은 실수하지 않으신다."

이 말을 듣는 아이의 눈에 벌써부터 소망이 생기는 것을 나는 정말 많이 보았다. 꼴통이란 없다. 나는 그가 누구든지 내가 사랑하는 아이에게 꼴통이라고 한다면, 언제든지 가서 항의하고 아이를 대신하여 싸울 것이다. 그렇게 아이들의 편에 서서 그들을 억압하는 잘못된 어른들과 잘 싸워만 준다면 교회학교는 부흥할 것이며, 아이들 역시 쉽게 자신의 꿈을 포기하지 않을 것이다.

담배 물려주는 목사

미국에서 살다가 사역을 하러 한국에 와서 고등부 사역을 할 때였다. 당시 교회 인근에 좀 어려운 동네가 있었다. 나는 그 동네에 가서 길거리를 배회하는 아이들을 불러 모았다. 대부분 어려운 가정 형편에 교회는 처음 나오는 아이들이었다. 퇴학을 당한 애들도 있었고, 학교를 다녀도 공부와는 담쌓고 길거리를 배회하던 아이들이었다. 그 아이들을 데리고 수련회를 갔다. 수련회에 가기 전 주일날 이렇게 광고를 했다.

"담배는 목사님이 가져간다. 그러니까 너희들은 가져오지 마라. 수련회 3일 동안 술은 절대로 안 돼. 대신에 담배는 목사님이 알아서 피우게 해줄 테니, 너희들은 가져오지 마라."

그러자 교회가 술렁거리기 시작했다.

'저 목사 미국에서 왔다고 하더니 완전 또라이잖아!'

수련회장에 도착해서 아이들을 불러 모았다.

"담배 피우는 놈들 나와."

한 서른 명이 나왔다. 나는 녀석들을 한 줄로 세우고는 한 명씩 입에다 담배를 물려주었다. 그리고 불을 붙여주었다. 아이들은 "아, 진짜 담배를 끊고 말지, 이건 못하겠다"라고 하면서 담배를 피웠다. 목사가 입에 물려주고 불붙여준 담배를 피우려니 얼마나 죽을 맛이었겠는가.

저녁을 먹고 또 아이들을 불러 세우고 담배를 물려주었다. 나름대로 룰이 있어서 아무 때나 피우는 게 아니었다. 담배를 다 피운 아이들에게 내가 말했다.

"목사님이 부탁이 하나 있어."

"뭔데요, 목사님? 뭐든지 얘기해보세요."

"이제 예배를 드릴 텐데, 내가 설교를 할 거야. 너희들이 맨 앞에 앉았으면 좋겠다."

"걱정하지 마세요, 목사님!"

아이들은 호언장담을 했다.

수련회에 가면 어떤 아이들이 맨 앞에 있는가? 열정 있고, 주님 만나고, 부르짖어 기도하는, 거의 권사 장로급 아이들이다. 나는 그런 아이들을 맨 뒤로 보냈다. 사실 이 아이들은 어디에 앉아도 은혜 받는 아이들이다. 중간에는 어리둥절 우왕좌왕하는 아이들이 앉고, 맨 앞에 방금 담배를 피우고 온 아이들이 앉았다. 난생처음 예배 앞자리에 앉아본 아이들이었다.

처음 앉아본 예배 앞자리

평소 같으면 맨 뒤에 널브러져 있었을 텐데, 앞자리니 그러지도 못하고 손뼉을 안 치려다가도 안 칠 수 없는 분위기니, 손뼉도 치며 찬양도 따라 불렀다. 그러면서 서서히 마음의 문이 열리는 것이다.

그런데 누가 설교를 하는가? 방금 자기 입에 담배를 물려주었던 내가 설교를 하니, 안 들을 수 있나. 그 아이들은 분명히 자기들끼리 이런 대화를 나눴을 것이다.

"야, 저 목사님 우리 때문에 잘릴 수도 있겠다. 미국에서 왔는데 우리 담배 피우게 해줬다는 얘기 나오면 교회에서 쫓겨날 거야. 그러니까 우리가 오늘은 잘해주자."

그러니 내가 하는 설교를 다 듣는 것이다. 설교 끝나고 기도를 하는데, 난리가 났다. 평소에 예수님 잘 믿고 착하게 지냈던 아이들은 "잘못했어요. 용서해주세요"라고 회개 기도를 하는데, 이 아이들은 거의 데굴데굴 구른다. 악 소리를 지르며 "나는 나쁜 놈이에요. 저는 죽어야 해요"라고 하면서 구르다가 정말 주님을 만났다.

다음날 아침을 먹고 "담배 피우는 놈들 나와" 하는데 한 다섯 명만 나온다. 스물다섯 명이 안 나왔다. "지금 아니면 담배 못 피워. 얼른 나와"라고 하면서 데리고 나오려는데, 안 피운단다.

그중에 담배를 하루에 다섯 갑 정도 피우던 아이가 있

었는데, 내가 그 아이에게 가서 "다른 애들은 몰라도 넌 나와. 너는 살살 끊어야지 이렇게 한꺼번에 끊으면 금단 현상 때문에 이따 예배도 못 드려"라고 말했다. 그런데 도 안 피우겠다고, 죽어도 담배 안 피우겠다고 버틴다.

누가 보면 진짜 웃기는 장면이다. 목사라는 사람은 담배를 피우라고 윽박지르고 있고, 하루에 담배 다섯 갑 피우던 아이는 절대 안 피운다고 버티고 있으니 말이다.

그 아이가 담배를 피우고 싶어서 피웠겠는가? 그 어린 나이에 그렇게 담배를 피우면 폐가 다 망가지는데 말이다. 가정적으로 어려움이 있고, 상처가 있는 아이였다. 그런 아이들을 들여다보면 다 아픔이 있다. 누구에게도 "괜찮다. 내가 네 편이다"라는 말을 들어본 적이 없는 아이였다. 그런 아이가 주님을 만나니 담배는 아무것도 아닌 게 되어버린 것이다.

아이들을 세워놓고 담배를 피우게 해준 이유는, 그 아이들이 나를 피해 숨어서 담배를 피우는 게 싫었기 때문이다. 내 눈을 피해서 숨어서 몰래 담배 피우고, 얼른 사탕 먹고, 손 씻고 머쓱하게 나타나는 게 싫었다. 다 내

새끼들인데 나를 피하는 게 너무 슬펐다. 아이들이 그 마음을 알기 시작했다.

진한 관계가 깊은 은혜로 이어진다

아이들 편을 들다가 종종 당회에 불려갔다. 그때마다 격한 반응으로 사표 쓰고 나가라는 말도 나왔다. 엄청 혼났다.

나야 이미 혼날 각오를 했으니 괜찮았는데, 언젠가는 그 모습을 고등부 아이들 몇 명이 봤다. 한참 혼이 난 다음에 나왔더니 선생님 한 분이 고등부실로 와보라는 것이다. 갔더니 아이들이 막 울면서 기도를 하고 있는 게 아닌가.

"하나님, 저 때문이에요. 목사님은 잘못이 없어요."

내가 가서 "너희들 뭐하냐?" 하고는 일으켜 세웠다. 그러자 남아 있던 아이들이 "목사님 이제 가시는 거예요?"라면서 엉엉 우는 것이다. 우선은 아이들을 진정시켰다.

"내가 가긴 어딜 가냐. 교회에서 나가라고 하면 내가 다시 성도로 등록해서 고등부 교사 할 테니 걱정하지 마."

그러면서 아이들과 깊고 진한 관계가 형성되었다.

아이들은 백 마디 멋지고 좋은 말보다 "괜찮아"라는 말 한마디에 마음이 열리고, 정말로 자신의 편이 되어주는 한 사람으로 변화된다.

Q   반을 맡은 교사가 해야 할 일을 알려주세요. 공과 준비만
     잘하면 되나요?

A   미국 리버티신학원의 엘머 타운즈(Elmer Towns) 교수는 '배움
     은 보는 데서부터 시작한다'라고 말했다. 정답을 보면 절대로
     문제를 틀리지 않는다. 삶으로 가르치는 교사가 가장 효과적
     인 교육을 할 수 있다.
     "저도 선생님처럼 되고 싶어요."
     아이들에 입에서 이런 말이 나오면, 성공한 것이다.
     미국에서 사역할 때 여름마다 아이들과 단기선교를 갔다. 그
     때마다 의사였던 장로님이 병원을 닫고 항상 동행하셨는데,
     아이들은 그 장로님을 보면서 헌신에 대한 태도가 자연스럽
     게 변해갔다. 교사는 모델이다. 아이들은 교사를 바라보며
     자란다. 공과를 준비하는 것은 기본이다. 이것은 교사의 목
     표가 될 수 없다. 토요일 저녁 사적인 모임은 가급적 피하고
     공과를 준비하며, 주일을 최고의 컨디션으로 준비하자.

chapter

07

평생 잊을 수 없는 선생님

아이들이 좋아하는 선생님은 능력이 엄청 많고 대단한 사람이 아니다. 신앙이 좋고 거룩한 삶을 사는, 우리가 쉽게 범접할 수 없는 사람은 더더욱 아니다.

함께 사역하던 분 중에 특별히 잊지 못하는 선생님이 한 분 계신다. 무뚝뚝한 성격의 40대 선생님이셨다. 교사 회의 때도 말 한마디 없고 조용하기만 했던 분인데, 무뚝뚝한 그 선생님을 아이들은 너무 좋아했다. 매년 연말 반 편성 때마다 그 선생님의 반이 되길 바랐다. 그리고 그 선생님의 반이 되면 좋아서 난리였다.

그게 너무 신기하여 오랜 시간 그 선생님을 유심히 지켜보았다. 솔직히 이해가 되지 않았기 때문이다. 말도 없

으시고 무뚝뚝한 그 선생님을 아이들이 왜 그렇게 좋아
하는지 말이다.

무뚝뚝한 선생님의 인기 비결

그런데 몇 년 동안 함께 사역하면서 그 이유를 알게 되
었다. 그 선생님은 아이들을 엄청나게 사랑할 뿐 아니라
아이들의 말을 정말 잘 들어주었다. 수시로 아이들을 만
나고 함께 밥을 먹으며 이야기를 나누었는데, 그러면서
도 아이들과 나누는 대화는 늘 신중했다. 아이들과 많
은 이야기를 나누면서 쉽게 대답하거나 조언하지 않았
다. 그것이 아이들이 그 선생님을 좋아하는 이유였다.

그리고 아이들에게 "언제든 선생님에게 찾아와"라고
늘 말해주곤 했다. 아무리 늦게 전화를 해도 다 받아주
었고 아무 때나 찾아가도 학생들을 외면하는 법이 없었
다. 매년 열리는 수련회에도 항상 휴가를 내서 꼭 참석
했다. 그리고 오랫동안 그 모습이 변치 않는 분이셨다.

한 번은 잘해줄 수 있다. 잠깐은 기다려줄 수 있다. 그러나 오랜 시간 변하지 않는 선생님을 찾기란 쉽지 않다. 말 잘하고 쾌활한 성격의 교사가 빠르게 아이들과 친해질 수는 있어도, 지속적이지 못한 관계는 아이들에게 더 큰 실망을 준다.

무뚝뚝하지만 아이들의 말을 잘 들어주셨던 선생님은 오랜 시간 변치 않고 아이들 곁에 있어주었고, 아이들은 매년 다음 해에도 그 선생님의 반에 편성되기를 기도했다.

그렇다고 그 선생님이 모든 의문에 답을 주거나 도움을 준 것은 아니다. 그저 아이들이 언제든 찾아갈 수 있는 선생님, 그들의 이야기를 언제든지 들어주는 선생님이었을 뿐이다. 하지만 그 분은 그것만으로도 학생들에게 평생 잊을 수 없는 교사가 될 수 있다는 것을 보여주었다.

학생들이 늦은 시간에라도 찾아갈 수 있는 교사가 몇이나 될까? 교육은 삶을 나누는 것이며, 삶을 나누려면 관계가 선행되어야 한다. 학생들이 더없이 사랑스럽고 그들의 미래를 생각만 해도 마음이 벅차오르는 사람, 그 사람이 교회선생님이다. 선생님이 학생들을 사랑하고 그들과 관계를 맺고자 하는 이유는 단 한 가지다. 그들을 사랑하시는 주님과 만나도록 하기 위해서다.

아이들을 마음껏 축복하자

정답은 사람을 변화시키지 못한다. 청소년, 청년 사역을 시작한 지 벌써 30년이 훌쩍 넘었다. 그 시간 동안 만난 아이들 중에 정답을 말해서 변화된 아이는 없었다. "공부해라, 정신 차려라"라고 아무리 말해도 다 소용없다. 사람은 감동을 받을 때 변화한다.

미국의 심리학자 칼 로저스는 무조건적이고 긍정적인 존중감으로 내담자 중심의 상담을 하라고 강조한다. 이는 상담자가 내담자의 감정이나 사고의 유형, 가치의 조건과 관계없이 무조건적인 긍정과 존중을 해줄 때 상담자와 내담자가 올바른 관계를 형성하여 변화의 길이 열린다는 주장이다.

인간으로서 무조건적인 사랑은 불가능하겠지만, 무조건적으로 편을 들어주고 지지해줄 수는 있다. 납득되는 것만 지지하는 것이 아니라 전혀 납득되지 않아도 지지해주는 선생님이 있다면, 그 아이는 희망이 있다. 아이의 장점을 보고 무한 축복하자. 교회는 영적인 교육을 하는 곳이다. 하나님의 형상으로 만들어진 아이들을 마음껏 축복하는 것은 교회선생님의 특권이다.

정말 좋은 교사는 축복하는 사람이다. 축복하는 사람은 좋은 리더이기도 하다. 그렇지만 우리 사회에서는 아이들을 축복하는 말을 듣기가 쉽지 않다. 학교 끝나고 학원에 가서 공부하고 밤 11시에 귀가한 아이에게 엄마가 맨 처음 하는 말이 무엇인가? "공부하라, 복습하라"는 것이다. 지치고 힘든 하루를 마치고 학원을 나서도, 집은 아이들이 가기 싫어하는 곳이 되어버렸다.

교사나 사역자 모두 아이들에게 가정의 중요성을 피부로 느끼도록 도와주어야 한다. 모든 가정에서 축복의 언어가 사용되기를 기도한다. 나는 내 삶의 모든 것으로 아이들을 축복하고 싶다. 아이들을 끌어안고 축복하며 용기를 주고 편들어주는 것이 교회선생님의 사역이라고 생각한다.

마음껏 축복하자. 아이들은 적어도 자신을 축복해주는 사람이 하는 설교는 듣는다. 내가 아무리 설교를 못해도 내 얘기는 듣는다. 나와 관계가 있기 때문이다. 관계가 없다면 내가 아무리 설교를 잘해도 아이들은 아마 귀담아듣지 않을 것이다. 그러니까 축복하자는 것이다. 칭찬과 축복에 목마른 우리 아이들을 마음껏, 열심히 축복하자.

영원한 짝사랑

교육은 인내다. 인내하지 못하면 그만두게 된다. 학생들은 아직 모든 일에 확고한 기준이나 가치관이 세워지지 않은, 성장해가는 아이들이다. 그래서 우리를 뿌듯하게 할 때도 많겠지만, 더 자주 우리를 실망시키고 마음 아프게 할 것이다.

교사는 한두 해 해서 세워지는 사역이 아니다. 오랜 시간 아이들과 마음을 함께한 교사들이 바로 전문가다. 아무리 전문 교육을 받았어도 현장 경험이 없으면 뜬구름을 잡는다.

교회학교 시절은 한 아이의 영육 간의 모든 것이 변화되는 시기다. 꾸준한 변화보다는 많은 기복을 보이는 시기이기도 하다. 그런데 아이들의 잦은 기복에 따라 교사에게 지나치게 많은 감정 소모가 일어나게 되면 기쁨으로 사역하기가 어려워진다. 들쭉날쭉한 아이들을 바라보며 자신의 멘탈을 지킬 수 있어야 한다.

아이들과 치열하게 사역하다가 사랑하는 마음으로 아이들을 나무란 한 선생님이 내게 이런 메시지를 보낸 적이 있다.

"목사님, 죄송합니다. 아이들을 사랑한다고 하면서도 혼을 내고 말았어요. 그러고 나니 마음이 너무 아픕니다. 제가 이 사역을 내려놓는 것이 옳을 듯합니다."

그 선생님께 바로 답장을 드렸다.

"계속 짝사랑해야 합니다. 아이들이 실망시켜도, 마음을 찢어지게 해도, 그 아이들을 짝사랑하는 선생님 같은 분이 필요합니다. 주님도 우리를 짝사랑하셨잖아요. 힘내세요!"

아이들을 가슴으로 키워내는 것이 교사 사역이다. 말을 잘하고 아이들의 문화를 조금 더 잘 이해한다고 되는 게 아니다.

물론 아이들에 대해 배우고 관심을 갖는 것은 매우 중요하다. 그러나 가슴앓이하며 아이들을 대하는 교사는 다른 누구와도 바꿀 수 없다.

인내심도 없고 아이들을 짝사랑할 수도 없다면 교사를 그만두라. 이 말에 힘이 빠지는 선생님이 있다면, 죄송하다. 그러나 이것은 사실이다. 누구나 다 교사로 섬길 수 있다고 말하고 싶지만, 현장에서 만난 교사들 중에는 분명히 그만두어야 할 교사들이 있었다. 아이들을 짝사랑하지 않는 교사가 대표적인 예다. 나는 그런 분에게는 단도직입적으로 말한다.

"집사님, 교사 그만두시고 다른 부서에서 봉사하시는 게 어떻습니까?"

함께 뒹굴지 않으려면 가르치지도 마라

교사로서 아이들과 관계를 맺고, 아이들에게 마음 놓고 자신의 속을 털어놓을 수 있는 기성세대가 되어주는 것은 가장 가치 있는 일이다. 아무리 좋은 설교나 성경공부라 해도 관계 맺음이 없는 사역자의 외침은 아무 소용이 없다. 아무리 목청을 높여봤자, "저 선생님(목사님), 오늘 왜 저렇게 시끄러우시냐?"라고 반응할 뿐, 그 말의 영향력이 없다.

그렇다면 관계 맺기에 앞서 가장 중요한 것은 무엇인가? 이 한 가지 사실을 확실히 믿어야 한다. 그것은 한 학생을 변화시킴으로써 이 세상이 변화된다는 사실이다. 한 학생에 대한 소중함을 잃어버렸다면, 더 이상 사역해선 안 된다.

예수님이 잃어버린 양 한 마리를 위해서 어떤 일을 하셨는지 기억하라. 한 사람에 대한 확신이 없으면 그 사람을 만나 함께 시간을 보낼 수 없다. 관계 사역의 관건은 시간이다. 시간의 투자 없이는 관계 중심의 사역이 불가능하기 때문이다.

시간을 투자해야 관계가 깊어진다

신대원에서 '청소년 사역'을 강의할 때 내주었던 과제 중 하나가 '청소년과 관계 맺기'였다. 한 아이를 정해서 다섯 번 만나는 것이 숙제였다.

사역자들도 처음 아이들을 만나서 관계를 맺고 그 관계를 이어가는 것이 쉽지만은 않다. 처음 과제를 설명하면 수강생들이 걱정을 많이 한다. 그러나 이 과제가 진행되는 동안, 단 한 번도 실패로 끝난 적이 없다. 학기 말에 한 사람씩 발표를 할 때면 얼마나 은혜가 되었는지 모른다.

만나기까지의 과정도 어렵거니와 한 번 만나고 두 번

만날 때까지만 해도 제대로 말도 안 해서 속을 태우던 아이들이 함께 밥도 먹고 영화도 보면서 차츰 말문이 트인다. 관계가 바뀌며 어색함을 뒤로 하고 서로의 마음을 열게 되는 것이다. 첫술에 안 될 뿐이다. '진짜 이야기'가 나오기까지는 시간이 필요하다.

처음부터 자신을 오픈하는 사람은 없다. 아이들도 처음에는 쑥스럽고 불편해서 말을 안 하는 것이다. 하지만 계속 만나고 함께 시간을 보내다 보면 서서히 마음 문이 열리면서 자신의 진짜 이야기를 꺼내기 시작한다.

그러니, 짧아도 여러 번 만나라. 아이들과의 만남은 자주일수록 좋다. 하루 종일 혹은 몇 시간씩 긴 시간을 보내는 것보다 짧게라도 자주 만나 음료수 한 잔 간단히 마시는 것이 가까워지는 데 도움이 된다. 만남이 거듭될수록 편안해진다.

아이들과 만날 때 주의할 것은, 가르치려고 하지 않는 것이다. 교회 밖에서도 가르치려고만 한다면 누가 교회선생님을 만나겠는가. 가르치지 말고 들어라. 예상 질문이나 답변을 준비하지 말고 그냥 만나고 그냥 헤어져라. 함께 먹고, 헤어지면 된다.

그렇게 아이들과 뒹굴며 관계가 정립된 후 아이들이 '진짜 이야기'를 꺼내기 시작할 때, 그때부터 살아 있는 교육이 시작된다.

진짜 교육의 시작

기독교 교육은 살아 있는 교육이어야 한다. 살아 움직여야 한다. 살아 있는 교육을 통해서만 아이들이 변화된다. 살아 있으려면 '관계'가 있어야 한다. '관계' 없는 사역은 망하는 사역이다.

성경공부를 가르친다고 교사로서 책임을 다했다고 생각하면, 그것은 자신을 과대평가하는 것이다. 성경공부 시간에 아이들이 조용히 자신의 말을 들어준다고, 스스로 성공적으로 사역하고 있다고 착각하고 있지는 않은가?

아이들과 만나 아이들의 '진짜 이야기'를 듣는 그 순간까지는 모두 수박 겉핥기 교육이다. 이 사실을 잊지 말라. 처음부터 잘하는 교사도 없고, 금방 마음 문을 활짝 여는 아이도 없다. 그러나 진실하게 지속적으로 만날 때, 그래서 관계가 생기고 또 깊어질 때 아이들은 '진짜 이야기'를 시작한다. 그때부터 진짜 교육의 시작이다!

Q 공부나 시험 때문에 교회에 결석하는 아이들은 어떻게
   지도해야 할까요?

A 일단, 결석하는 이유를 철저히 확인하는 과정이 필요하다. 공
   부하기 위해서 안 나오는 게 아니라 예배나 분반 공부가 기대
   에 미치지 못하기 때문에 안 나오는 것일 수도 있다.
   특별히 공부를 열심히 하는 아이들은 자기 시간에 대해 상당
   히 민감하다. 예배를 드리러 왔는데, 준비 안 된 모습이 보인
   다거나 시간이 아깝다는 생각이 들면 아이들은 결석을 선택
   한다.
   어떤 이유든, 아이와 관계를 맺고 일대일의 시간을 통해 소통
   하여 분명한 이유를 아는 것이 중요하다. 아이 마음의 소리
   를 듣고 원인을 파악한 다음에, 교사 자신의 문제를 보완할
   부분이 있다면 보완한다. 그리고 아이가 생각하는 우선순위
   에 있어서 무엇이 잘못되었는지를 분명하게 가르친다.

꽃길을 갈아엎고
가시밭길을 헤쳐가는 개척자

프런티어(Frontier) 하면 생각나는 분이 있다. 바로 홍민기 목사님
이다. 목사님에게는 현재 서 있는 땅이 꽃길인가, 가시밭길인가
는 중요하지 않다. '주님의 뜻이다'라는 확신이 서면 꽃길로 보
이는 길도 용감하게 갈아엎을 수 있고, 가시밭길이나 황무지로
보이는 길도 마다하지 않는 선택을 보여주셨기 때문이다. 그래
서 이 시대의 진정한 개척자라고 부르고 싶다.

'내가 지금 걸어가고 있는 이 길은 누군가가 앞서 걸어간 길이다'
라는 말이 있다. 누군가 걸어갔기에 길이 된 것이고, 그 길을 걸
을 수 있는 것이다. 그런 의미에서 우리는 앞선 자에게 빚지고 있
는 셈이다. 나의 경우에는 많은 부분 홍민기 목사님께 채무가
있다. 전도사 시절, 아이들에 대한 사명감 하나로 사역의 길에
뛰어 들었지만 쉽지 않았다. 좌충우돌 실패의 연속이었고, 가끔
씩은 포기하고 싶은 마음도 들었다.

그즈음에 《교사의 힘》이라는 책을 만났다. 그 책은 내게 있어 창문과 거울이 되어주었다. 지혜의 관점에서 사역 현장을 들여다보는 창문이었고, 내게 어떤 부분이 부족했는지를 비춰보는 거울이었다. 특히 '같이 뒹굴지 않는 자가 가르치는 것은 위선이다', '변화된 사람에게서 변화된 제자가 나온다'라는 글들은 단순한 활자를 넘어 실제 사역현장에서의 나의 태도와 목적을 바꾸어 놓았다. 그 결과는 《청소년 교사를 부탁해》라는 책으로 열매 맺게 되었다.

개인적으로 목사님과 근거리에서 믿음의 교제를 나누는 특권을 누렸는데, 목사님에게서 가장 많이 들었던 권면이 있다. '살리는 사람이 되자'라는 권면이었다. 이 말이 단 한순간도 공허한 문구나 가벼운 덕담으로 들린 적이 없다. 매순간 진심에서 우러나오는 부탁처럼 느껴졌기 때문이다.

한번은 교역자와 교사들을 대상으로 늦은 밤까지 강의를 하고 돌아오는데, 목사님에게서 전화가 왔다. 통화 첫마디가 "교역자와 교사를 살리는 일에 힘써줘서 고맙다"라는 말이었다. 그 한마디의 말이 까마득한 후배 사역자에게 얼마나 큰 힘이 되고 용기가 되었는지 모른다.

목사님의 설교와 책을 통해서 자라고 성장하고 무장했던 나 같은 후배들이, 이제는 시간이 흘러 일선에서 말씀을 전하고 책을 쓰고 있다. 더 영광스러운 것은 홍민기 목사님이 여전히 함께 전선에서 고군분투하고 계신다는 점이다. 새롭게 정비하여 나오게 될《교회선생님의 힘》을 통해 또 얼마나 많은 선생님들이 힘을 얻고 살아날지 생각하면 가슴이 벅차오른다. 🌳

교사로서 정체성이 흔들릴 때

신학대학원에 입학하기 전, 교회학교 교사로 봉사하던 시절이 있었다. 여러모로 부족한 청년에 불과했지만, 다음세대를 향한 열정으로 교사의 직분을 감당하고자 노력했다. 그러나 불행하게도 나는 곧장 한계를 직면했다.

한국 교회 다음세대의 위기 상황은 교회학교의 미래에 대한 불확실성과 회의감을 갖게 만들었고, 이런 불안감은 교회에 대한 불신과 불안을 불러일으켰으며, 점차 교사로서의 정체성도 흔들리기 시작했다.

그러던 내가 교사로서의 소명을 재확인하고, 정체성을 되찾게 된 것은 홍민기 목사님의 책《교사의 힘》을 접하고부터였다. 그 책은 사역의 본질과 의미를 깨닫게 해주었고, 내 마음속에선 소망의 불씨가 피어나기 시작했다.

목사님은《교사의 힘》을 통해 교사가 단순히 지식을 전달하는 사람이 아니라, 학생들의 영혼을 돌보고 그들의 삶에 긍정적인 영향을 미치는 사람임을 강조하셨다. 나는 그 책으로부터 교사는 학생들에게 신앙의 본질을 가르치고, 그들이 하나님과의 관계를 깊이 있게 발전시킬 수 있도록 도와야 한다는 것을 배웠다. 또한 학생들이 나에게 신뢰를 느낄 수 있도록 관계를 형성하고, 그들의 이야기를 들어주는 교사가 되겠노라고 다짐하게 되었다.

한 번의 예배 혹은 한 번의 메시지가 학생들의 회심과 변화를 불러올 수 있음을 우리는 잘 알고 있다. 그 때문에 교사는 이러한 기회를 소중히 여기고, 학생들이 하나님을 만날 수 있도록 환경을 조성하며 돕는 역할을 해야 한다. 교사가 학생들을 위해 헌신하고, 그들의 영혼을 위해 몸을 던질 각오가 되어있을 때, 하나님의 역사가 일어나게 된다는 것을 나는 현장에서 실천하며 발견할 수 있었다.

《교사의 힘》에 담겨 있는 목사님의 삶과 사역은 크리스천이자 사역자로서의 내 정체성에 큰 영향을 미쳤다. 교사란 어떤 사람인지, 교사의 직분을 감당하면서 어떤 마음을 품어야 하는지 배우고 다시 생각할 수 있었다.

이후 나는 신학대학원에 진학해 사역자로서의 꿈을 꾸는 동시에 브리지임팩트에서 탱크 청소년 사역자학교와 인턴십 프로그램에서 훈련받았고, 간사와 팀장을 거쳐 현재는 브리지임팩트의 대표로 목사님과 동역하는 영광을 누리고 있다.

《교사의 힘》을 통해 얻었던 도전과 통찰이 씨앗이 되어, 오늘의 열매로 맺히는 것을 발견하듯, 독자들도 다음세대에게 사랑과 희망을 전할 수 있는 용기와 지혜와 담력을 얻을 수 있기를 소망한다. 🌳

The Strength of Sunday School Teachers

PART 3

성실한 준비가
열매를 맺는다

준비해야 교사다

교사는 철저하게 준비하는 사람이다. 아는 것을 가르친
다고 준비 안 하고 묵상 안 하는 교사가 있다면, 그는
교사로서 자격이 없는 사람이다. 아무리 지식이 많고 영
적 경험이 많아도 열심히 노력하고 준비하는 데 비하겠
는가? 매번 철저히 준비해야 한다.

공과 준비

교사가 해야 할 중요한 사역 중 하나가 '공과'다. 그
중요한 공과를 준비 없이 가르치는 경우가 있을 수 있
다. 교사들은 대개 성경공부도 했을 것이고 여러 훈련을
받았을 가능성도 높다. 그래서 아이들의 공과 정도는 예

습 없이 가르칠 수 있다고 생각하고, 또 실제로 그럴 수 있다.

그러나 '이 정도는 미리 준비 안 해도 가르칠 수 있지' 라는 생각으로 가르치면, 성령께서 역사하지 않으신다. 준비해야 한다. 미리 공부하고 고민하며 아이들을 생각 하는 선생님의 시간에 놀라운 일이 벌어진다. 우리는 사람 앞이 아니라 하나님 앞에서 가르친다.

공과를 철저하게 준비해야 한다. 이 짧은 성경공부를 통해 한 아이에게는 평생 잊히지 않는, 주님을 만나는 순간이 올 수 있다는 소망을 가지고 준비하자.

아이들이 할 수 있는 예상 질문과 답도 적용해보라. 여러 가지로 고민하면서 준비하는 자세야말로 바르게 사역하는 교사의 자세다. 이렇게 준비된 사역을 통해 아이들은 말씀에 빨려들어가는 경험을 하게 된다.

분주한 일상을 사는 만큼, 어느 시간을 일정하게 따로 정하여 준비하는 것이 좋겠다. 먼저, 가르칠 교재를 철저하게 공부하고 묵상한다. 때로는 공과 내용이 주어진 시간에 비해 많을 수 있기 때문에, 우선적으로 다룰 것들부터 체크한다. 그리고 아이들과 나눌 수 있는 예화를 잘 찾아보는 것도 도움이 된다.

교사 나름대로는 학생들과 관계를 잘 맺고 있다고 생각하지만, 그 방법에 문제가 있는 경우가 있다. 바로 성경공부 시간에 관계 맺는 데 치중하는 경우다. 성경공부 시간에 성경은 안 가르치고 아이들과 다과를 나누며 이야기꽃을 피우는 교사가 있다. 그러나 분반 성경공부 시간은 아이들이 하나님에 대해 알고 하나님을 만나는 시간이 되어야 한다.

그 귀중한 시간에, 고작 일주일에 한 번, 그것도 한 시간도 안 되는 그 짧은 시간 동안 아이들과 간식을 나누며 세상 돌아가는 이야기나 하며 보낸다면, 그것은 심각하게 생각해봐야 한다. 교사 입장에서는 아이들을 위해 주고 싶고 배려하고 싶은 마음이었겠지만, 성경공부 시간에 말씀을 가르쳐야 하는 본질적인 책임을 다하지 못한 것은 잘못이다.

하나님의 말씀을 가르치는 교사의 본질적인 사명을

다하기 위해 먼저 관계를 맺어야 하는 것이지, 성경공부할 시간을 관계 사역으로 대체하는 것은 잘못된 교육 방법이다.

관계만으로 변화하지 않는다.
오직 하나님을 만날 때 변화가 일어난다.

교사와 학생의 관계만으로는 영적 변화를 일으킬 수 없다. 이것은 분명한 사실이다. 오직 하나님과 만나야만 변화가 가능하다. 관계 사역은 아이들이 하나님과 만날 수 있도록 해주는 통로일 뿐이다.

관계를 맺는 일은 주일 성경공부 시간이나 공과 공부 시간이 아니라 이왕이면 토요일 오후나 주중 다른 시간을 내어서 해야 한다.

학생들에게 인정받는다고 다 좋은 교사는 아니다. 한 번의 예배로도 영적 회복이 일어날 수 있듯이, 한 번의 성경공부로도 아이들은 변화될 수 있다는 것을 믿고 준비하라. 확실하게 전하지 못하는 것은 제대로 준비가 안 되었다는 뜻이다.

교사가 준비되어 있어야 아이들도 반갑고 예쁘게 보인다. 기쁨으로 사역하는 데 가장 필요한 일이 준비다.

컨디션 준비

주일학교를 준비하는 것은 공과를 미리 공부하는 것에만 그치지 않는다. 주일에 최상의 컨디션으로 아이들 앞에 서자. 너무 피곤한 상태로 교회에 가게 되면 보기에도 안 좋지만, 아이들을 만나는 것이나 주일학교 사역에 있어서 기쁨이 사라지곤 한다. 준비하는 교사는 주일에 최상의 모습으로 아이들 앞에 서는 교사다.

빌리 그래함 목사의 간증 가운데 유명한 이야기가 있다. 빌리 그래함 목사님이 대학 시절에 '룻'이라는 예쁜 여학생을 만났다. 첫눈에 반한 빌리 그래함 목사님은 룻에게 데이트 신청을 했다.

"룻, 혹시 토요일 저녁에 나랑 저녁식사 같이 하지 않을래요?"

　용기를 내어 물어보았지만, 룻에게서 돌아온 대답은 한마디로 거절이었다. 크게 낙심한 빌리 그래함 목사님이 얼굴을 붉힌 채 실망한 표정을 짓자 룻이 얼른 이렇게 말했다고 한다.

　"빌리, 다음 주 화요일은 어때요? 토요일 저녁에는 주일학교 성경공부 준비를 해야 해서요!"

　단번에 토요일에 데이트하자는 요청을 거절한 이유가, 토요일 저녁 시간에는 주일을 준비해야 하기 때문이라는 것이다. 이 말을 들은 빌리 그래함 목사님은 더욱 룻을 좋아하게 되었고, 훗날 이 여인과 결혼했다고 한다.

　교사도 마찬가지다. 교사는 토요일을 사생활에 치중하여 보내서는 안 된다. 토요일 밤 늦게까지 이런저런 모임에 참석하며 분주하게 보낸다면 주일이 되어도 아이들에게 전심을 다해 열정을 쏟을 수 없다.

목표를 가지고 구체적으로 준비하라

준비를 구체적으로 하기 위해서는 분명한 교육목표를 가지고 있는 것이 좋다. 확실하고 명시적인 교육목표를 세워라.

목표를 가지고 교육하는 것과 그냥 교육하는 데는 큰 차이가 있다. 목표는 성경공부를 통해 얻고자 하는 유익, 수적인 부흥, 학생들의 깊이 있는 기도생활 등 무엇이든 가능하다.

그런데 목표를 세울 때 주의해야 할 부분이 있다. 지나치게 흥분하여 무리한 목표를 세우면 안 된다. 한 명도 전도해보지 못한 반에서 한 학기에 한 명이 여러 명을 전도하자는 목표를 세운다면 곤란하다.

또한 교사가 이룰 목표가 아니라 아이들을 통해 이룰 목표를 세워야 한다. 아무리 좋은 목표라도 그 목표를 달성하기 위해 뛰는 사람이 교사 한 사람이라면 설령 목표를 이룬다 해도 좋은 열매를 거두기 어려울 것이다. 교사와 학생이 함께 목표를 세우고 그 목표를 향해 함께 달려가야 한다.

일단 세운 목표라면 실패할 것 같아도 중간에 그 목표를 바꾸지 말라. 수시로 목표를 바꿀 경우 아이들은 다음에 어떤 목표를 세워도 '또 바뀔 텐데' 하며 그 목표를 신뢰하지 않게 된다.

장기 목표와 단기 목표 세우기

장기 목표와 단기 목표를 함께 세워야 한다. 1년 동안 아이들과 함께 실천할 반 차원의 장기 목표를 세웠으면, 그 다음에는 한 달 동안 실천할 한 달 목표를 세우고, 매주 주일마다 그날의 계획을 세워야 한다. 그리고 그 목표에 맞춰 성경공부와 나눌 것들을 준비해야 한다.

하나님의 사람으로 온전하게 되는 교회 교육의 목표를 이루어갈 동안 1월의 모습과 12월의 모습은 확연히 다르다. 그러나 저절로 되지는 않는다. 1월에 처음 만났다면 관계를 형성하는 계획부터 세워야 한다. 그런 다음 차츰 아이들의 신앙관과 세계관이 변화할 수 있는 세부 계획을 세워서 교육해나가야 한다. 그럴 때 좋은 열매를 맺을 것이다.

그리고 매주 주일 그날의 계획을 세우고, 이번주에 어디까지 가르쳐야 하는지 정확하게 알고 준비해야 한다. 교사가 아무런 계획도 없이 방향성 없는 교육을 할 경우, 학생들은 금세 이 사실을 알게 되고 주일을 기대하지 않게 된다. 일정한 계획을 가지고 일관성 있는 교육을 준비하는 교사에게는 주일 성경공부 시간을 기대하는 아이들이 많이 모일 것이다.

계획을 세우라. 그리고 그 계획 하에 학생들을 조금씩 그러나 확실하게 하나님의 사람이 되도록 세워나가기 바란다. 학생들은 잘 몰라도 1년 동안 변화된 모습에 교사는 놀라게 된다. 아이들은 교사의 사역을 통하여 회복되고 변화된다. 이 사실을 믿으라. 믿고 준비하라.

기도의 무기를 준비하라

무엇보다 교사로서 유일한 무기는 바로 '기도'다. 공과 준비가 완벽하게 되어 있어도 기도가 없으면 성령께서 일하실 수 없기 때문이다. 그러니 교사는 기도로 준비되어 있어야 한다. 우선은 교사 자신이 기도해야 하고, 아이들과도 함께 기도해야 한다.

사람은 사람의 말로 변화되는 것이 아니다. 성령께서 역사하셔야 변화가 온다. 아이들과 함께 기도하는 사역은 반 사역에서 참 중요하다. 함께 기도하고 나누고 고민하는 소그룹이 되면, 최고다.

아이들과 함께 기도의 달력을 만드는 것도 좋은 방법이다. 반 아이들의 중요한 일이나 생일을 기재하고, 학생들의 기도 제목과 반별 기도제목을 넣어 기도달력을 만들어서 나누어주고, 다 같이 기도하는 것이다. 이렇게 기도한다면 교회를 사랑하는 마음까지 자라게 될 것이다.

준비된 교사가 잊히지 않는 교사가 된다

교사는 기도해야 하고, 성경을 공부해야 하며, 예배자여야 한다. 자신의 영성 관리도 안되는데, 어떻게 누구를 가르칠 수 있겠는가?

우리는 인생의 가장 중요한 시기를 지나고 있는 아이들 앞에 서 있다. 누구를 만나느냐에 따라서 아이들의 인생이 크게 바뀔 수 있는 아주 중요한 순간이다. 그러니 하나님 앞에서, 아이들 앞에서 준비된 교사로 서자.

그리고 좋으신 하나님을 증거하자. 정말 살아 계시고 역사하시는 하나님을 증거하고 나누자. 주님이 사랑하시는 그들을 진심으로 아끼고 좋아하는 교사가 되자. 아이들은 이런 모든 것을 느낌으로 안다.

언젠가 고등학교 3학년 여학생이 졸업을 하며 내 손에 쥐여준 카드엔 이렇게 써 있었다.

"저의 고3 때 하나님을 확신하시는 목사님이 계셔서 정말 좋았어요."

아이들도 하나님을 만나고 싶어 한다. 하나님과 아이들의 다리가 되는 것이 교사다. 다리의 사명을 다하기 위해, 아이들에게 하나님을 정말로 알려주는 교사가 되기 위해 먼저 준비해야 한다. 열심히 공과를 준비하고, 기도를 준비하고, 영성을 관리하자. 그리고 아이들을 사랑하는 마음을 준비하자.

chapter
10

계속해서 성장하는 교사가 되라

교사의 영성은 교사가 책임져야 한다. 교사의 영성은 아
이들에게 직접적인 영향을 준다. 교사라면 무엇보다 예
배를 철저히 드려야 한다.

간혹 자신이 속한 부서 예배로 주일예배를 대체하는
사람이 있는데, 그러면 안 된다. 그런 사람은 봉사나 사
역을 하면 안 된다. 예전에 받았던 은혜에 의존하여 사역
하면 탈진한다. 아이들을 먹이기 전에 자신을 먼저 먹여
야 한다.

비행기에서도 긴급한 상황에서 산소마스크가 떨어지
면, 어른이 먼저 착용하고 어린아이를 돕도록 매뉴얼이
정해져 있다. 어린아이를 먼저 돕다가 어른까지 쓰러지
면 큰일이기 때문이다.

교사 자신의 영성 관리가 기본이다

교사의 영성 관리는 사역에서 가장 기본이지만, 가장 많이 놓치는 부분이기도 하다. 교사 자신의 영성을 기도와 말씀으로 관리하고 영적으로 성장하는 것이 중요하다.

만약 복음의 열정과 구원의 확신이 없는 분들 가운데 교회에 오래 다니고 봉사 열심히 해서 교사하는 사람이 있는가? 그런 사람은 교사 사역을 다시 생각해봐야 한다. 교사는 복음으로 뜨거워야 한다. 자신이 받은 구원의 감격으로 아이들도 구원받기를 소원하고 갈망하는 사람이 교사가 되어야 한다.

아무리 잘 가르치고 관계를 잘 맺어도 구원의 확신으로, 그리스도의 은혜 때문에 눈물 흘려보지 못했다면 그 사람은 지금 가르칠 때가 아니라 양육 받을 때다.

내가 지금까지 신앙생활을 계속하면서 느낀 점이 있다. 나 같은 사람은 절대로 주님의 사랑을 받을 만한 사람이 아니란 것이다. 그러나 주님은 은혜로 나를 있는 모습 그대로 받아주셨다. 가르치는 자가 먼저 그 은혜를 체험해야 아이들을 은혜로 바라볼 수 있다. 그 은혜의 눈이 아니면 다른 어떤 것으로도 영혼에 대한 열정이 솟아나지 않기 때문이다.

우리는 단지 아이들보다 어른이기 때문에 그들을 가르치는 교사가 아니다. 또 학교 교사처럼 자신이 맡은 특정 과목만 가르치면 되는 그런 교사도 아니다.

우리는 삶을 나누며, 함께 눈물 흘리고, 기도하며, 한 아이의 영혼을 위해 복의 근원이 되어야 하는 교회학교의 교사다. 그러니 자신의 영적 상태부터 체크해야 한다.

끊임없이 자기 계발하라

또한 교사는 영성 계발뿐만 아니라 끊임없는 자기 계발로 아이들과 계속 가까워져야 한다. 아이들의 생각과 언어를 이해하기 위해 유행하는 문화를 익히는 것도 필요하다. 빠른 변화 속에서 살아가는 아이들과의 대화가 끊이지 않도록 알아두는 것이 좋다.

교사는 자신의 경험으로 가르치는 것이 아니라 새 술

은 새 부대에 담는 것처럼 끊임없이 배우고 알아가며 가르치는 것이다.

누군가의 멘토로 살아간다는 것은, 끊임없이 자신의 영성을 관리하고 자기 계발을 이어가야 한다는 숙명을 지워준다.

주님을 닮은 교사의 영성이
학생의 영혼을 강건하게 만든다.

말씀으로 가르쳐라

그러나 절대 잊지 말고 반드시 기억해야 할 것이 있다. 기독교 교육은 누군가를 세상에서 잘나가는 사람으로 길러내는 것이 목표가 아니란 사실이다.

이는 하나님의 사람으로 온전하게 하며
모든 선한 일을 행할 능력을 갖추게 하려 함이라

딤후 3:17

우리는 우리가 맡은 아이들을 하나님의 사람으로 온전하게 하기 위해 사역하는 것이다. 그러기 위해선 아이들을 말씀으로 훈련해야 하고, 교사 자신이 말씀을 잘 아는 사람이어야 한다. 무엇보다 그 말씀에 목숨 거는 모습을 보여주어야 한다. 하나님의 사람으로 온전하게 하는 교육에 뜨거운 열정을 품은 교사가 아이들을 살린다.

현장에서 뜨거운 마음으로 아이들을 위해 애쓰는 교사들을 만날 때마다 희망을 본다. 소망은 현장 사역자들에게 있다. 그들의 한 걸음이 나중에 어떤 열매로 맺힐지는 아무도 모른다. 소망을 가지고 오늘도 딱 한 걸음만 나아가자.

chapter

11

부모와 동역하라

교육 디렉터로 사역하던 시절에, 토요일마다 'Parent Teacher Prayer'라고 해서 'PTP 기도회'를 했다. 토요일 오전에 했는데, 정말 많은 분이 와서 아이들을 위해 함께 기도했다. 벌써 세월이 많이 흘렀다. 그때를 생각하면 지금도 참 감사하다. 나에게 가장 큰 힘이 되었던 시간이다.

가장 든든한 동역자

매주 토요일마다 자녀의 이름을 부르며 힘차게 기도하니 모두가 눈물을 펑펑 쏟아냈다. 참석한 부모님들은 "이 기도회에서 가장 필요한 것은 손수건"이라고 고백했으며, 실제로 'PTP 손수건'을 제작해서 나누기도 했다. 그래서 '손수건 기도회'라고 부르기도 했다.

학부모들은 사역에 대해 구체적으로 알면 알수록 지지한다. 대개 학부모들이 반대하거나 걱정하는 것은 사역에 대한 정보가 전혀 없기 때문이다. 모르니까 불안하고, 기도 대신 걱정이 앞서는 것이다.

그러나 반대로 그 사역의 의미와 목표를 구체적으로 알면, 어떻게든 도와주려고 하고 지지해주며 부족해 보이는 부분들을 위해선 기도로 힘을 더해준다. 특별히 해외로 나가야 하는 비전트립이나 단기선교도 어떻게 진행되는지, 목적이 무엇인지 상세히 나누면 그들은 막강한 기도부대가 된다.

학부모는 동역자다.
아이를 가장 사랑하는 사람은
교사인 우리가 아니라 부모다.

그 부모와 동역하지 않는 것은 무지다. 어떤 행사의 예산이 모자랄 때도 가장 든든한 지원군은 부모님들이다. 그러기 위해 함께 나누고, 함께 고민하고, 함께 기도해야 한다.

그냥 회의만 하거나 보고만 하지 말고, 꼭 함께 기도하는 것이 좋다. 기도회를 한 후에는 각 부서의 교역자(교사)와 학부모의 만남이 이루어지도록 한다. 기도는 마음을 만지고, 생각을 정리하게 해준다.

그렇다고 원대한 포부를 가지고 너무 비장하게 기도회를 끌어가서는 안 된다. 기도회는 심플해야 한다. 찬양 20분, 설교 15~20분, 기도 20~30분 정도면 적당하다.

다른 것은 필요없다. 기도면 된다. 그러나 부모와 교사가 함께 기도하는 것처럼 튼튼한 삼겹줄은 없다.

가끔 외부 강사를 초청하여 자녀 교육에 관한 세미나를 하는 것도 좋다. 그러나 가장 효과적인 것은 자녀의 이름을 부르며 함께 기도하는 것이다. 교사가 자기 자녀의 이름을 부르면서 눈물 흘려 기도하는데 그것에 감동

되지 않을 부모는 없다.

사역자 중에도 부모를 어려워하고 힘들어하는 사람이
많다. 그럴수록 더욱 적극적으로 만나야 한다. 더 적극
적으로 함께 기도하는 자리를 마련하고 초청하여 함께
기도하는 시간을 갖자. 부모님들은 교회학교 사역의 든
든한 동역자다.

Q 교회학교 부서에 부장교사, 반 담당교사, 행정교사가 다
   있어야 하나요? 조직을 어떻게 구성하는 게 좋을까요?
   구체적인 가이드가 있나요?

A 부장교사는 리더다. 리더는 부서의 질서를 잡고 분위기를 분
   명하게 만들어야 한다. 부장교사는 교사가 아이들에게 전력
   을 다할 수 있는 분위기를 만들면서, 교사와 교역자의 중간
   다리 역할을 해야 한다. 교사의 리더인 부장교사 없이 부서
   사역은 어렵다.
   반 담당교사는 아이들을 직접 만나는 사람이다. 담임은 그
   반의 모든 권한을 가지고 있다. 이 책에서 나누는 모든 사역
   을 실제로 하는 사람이 반 담당교사다.
   행정교사는 일반행정을 맡아서 반 담당교사가 아이들에게만
   집중하며 사역할 수 있도록 돕는 사람이다. 매우 중요한 역
   할로, 관계적인 부분이 어렵고 잘 안된다면 행정으로 교회학
   교를 섬기는 것도 좋다.

에스프레소 향보다
진한 삶의 향기

처음 교육전도사로 사역을 시작한 내 눈에 《탱크목사 중고등부 혁명》이란 책이 눈에 띄었다. 20대 풋내기 어린 전도사였던 나에게 그 책은 어떤 혁명보다 생각의 폭을 넓히는 혁신적인 내용으로 다가왔다. 청소년을 향한 목사님의 사역 철학과 경험들은 나에게 좋은 교과서가 되어 좁은 사역의 시야를 확장시켜주었다.

'내가 청소년들에게 가르치는 것'에 머물러 있었던 나의 시선을 보다 더 중요한 '그것을 가르치는 나는 누구인가?'로 옮기게 했고, '예수님과 청소년의 사이에서 브릿지(bridge)가 되겠노라'라고 각오하며 다짐하는 계기가 되어주었다.

얼굴 한번 대면한 적 없던 홍민기 목사님은 사역을 막 시작하던 20대 풋내기 교육전도사 시절부터 나의 사역의 나침반이자 이정표가 되어주셨고, 지금 이 순간에도 수많은 청소년, 청년 그리고 교회학교 교사들과 사역자들에게 좋은 스승이 되어주고 계신다.

목사님의 책과 말씀과 걸음을 바라보면, 에스프레소의 향보다 짙고, 가마솥에 오래 푹 곤 사골보다 진한 삶의 깊이의 맛과 내공이 느껴진다. 이는 그저 흘러가는 시간에 거저 만들어진 것이 아닌 목사님의 충분한 고민과 도전 가운데 하나님이 주신 은혜의 흔적들일 것이다.

무엇보다 그 가운데 내가 가장 깊게 느낀 향기는 바로 사랑이었다. 목사님은 언제나 사역의 현장에서 현장에 있는 모든 영혼과 그 영혼에게 헌신하는 사역자들에게 사랑의 눈길을 주고 계셨다. 10년이면 강산이 변한다고, 사람도 변하기 마련이지만 목사님은 언제나 한결같이 사랑하기를 애쓰셨다.

처음 사역의 현장에서 만난 목사님의 책은 여전히 내게 어떻게 사역해나가야 할지, 하나님 앞에서 어떤 삶의 향기를 드러낼지 고민하게 하는 교과서 같은 가르침을 주고 있다. 그리고 여전히 나는 목사님의 글과 메시지와 삶에 주목하고 있다. 그 분의 진솔한 사랑이 내게 큰 가르침과 지표가 되기 때문이다. 그 사랑으

로 인해 다음세대 사역자와 청소년들이 삶 속에서 열매를 맺게 되길 기도한다. 🌳

좋은 스승을 만나면
인생의 방황을 그친다

청소년 시기에 방황을 참 많이 했다. 술과 담배, 폭력과 오토바이를 즐기며 문제아로 살다가 끌려가다시피 한 수련회에서 예수님을 인격적으로 만났다. 그 후 나는 나처럼 방황하는 청소년들을 주님께로 이끄는 목회자가 되겠다는 서원을 했다.

신학생이 되고 첫 사역을 시작했을 때 얼마나 당황스러웠는지. 마음은 뜨거웠지만 머리와 손과 발은 차가웠다. 뜨거운 마음으로만 청소년을 대할 수 없다는 것을 깨닫기까지 그리 오랜 시간이 걸리진 않았다.

그 당시에만 해도 청소년 전문 사역자들이 많지 않았고 배울 수 있는 기회도 없었기 때문에 어디서부터 어떻게 손을 대야할지 몰라서 매주 청소년들을 만나는 것이 참 두려웠다.

그러다가 브리지임팩트의 청소년사역 인턴십 과정을 통해 청소년 아이들의 발달과 그 특징에 대하여 배울 수 있었다. 또, 소그룹과 청소년 부서를 어떻게 기획하고 운영해야 하는지 체계적이고 섬세한 커리큘럼으로 청소년 사역의 방향성을 잡을 수 있었다.

심방을 비롯한 설교와 수련회 준비까지 배울 수 있었던 그 시간은, 멋모르고 막연하게 열정만으로 사역의 현장에 뛰어들었던 나에겐 보석과 같은 기회였다.

홍민기 목사님을 처음 뵈었을 때 외모에 압도 당하고, 특유의 투박함과 카리스마에 놀라기도 했지만 결코 가볍지 않은 한 영혼에 대한 열정을 금방 느낄 수 있었다. 그리고 그 열정을 표현하기 위한 방법에 이르기까지 '이렇게 균형을 잡아야 하는구나'라고 생각할 수 있었다.

특별히 기억에 남는 것은 청소년 설교 실습 시간이었다. 나름 칼을 갈고 준비해갔던 내 설교를 들으시더니 단번에 재미가 없다는 피드백을 하시며 애들 다 재울꺼냐고 하셨다. 그러면서 '청소년들은 설교 시작하고 5분 안에 이 설교를 들을지 안 들을지 결정한다'라는 코멘트를 해주셨다.

이 피드백이 나에게는 인상 깊은 각인이 되었다. 홍 목사님은 청소년 사역자로서 겪을 수 있는 시행착오에 대해 일일이 세심하게 피드백을 해주시면서 일반적인 가이드가 아니라 상황과 환경에 맞게 사역자 스스로 고민할 수 있게끔 도와주셨다.

지금 홍 목사님은 언제나 밥을 사주시는 한없이 푸근한 큰 형님으로 계셔주시는데, 그때나 지금이나 동일한 것은 후배 사역자들을 위한 사랑과 관심, 그리고 든든한 버팀목으로 그 자리를 지켜주시는 존재감이다.

그런 모습을 보면서 이제 나이가 들어가는 나도 후배 사역자들에게 그런 형님이 되어야겠다는 생각을 한다. 좋은 스승을 만나면 인생의 방황이 그친다는 말이 있는데 나 또한 좋은 스승인 홍 목사님을 만나서 사역의 방황을 그칠 수 있었다는 생각을 하니 그저 감사하다. 🌳

PART 4

선생님은
네 편이야

chapter

12

소중한 아이들

학교가 끝나고 삼삼오오 아이들이 교문을 나선다. 깔
깔 웃기도 하고 과격한 행동과 언어를 쏟아내기도 한다.
지나가던 어른들은 상당히 불편한 얼굴로 그들을 바라
본다.

　사실 아이들은 잘못한 것은 하나도 없다. 그저 학교
수업을 마치고 집에 가는 길이다. 다만 조금 시끄러웠을
뿐. 그런데도 그 모습에 얼굴을 찌푸리기도 하고 혀를
차기도 한다.

　소중함을 전달하는 것이 기독교 교육에서 참 중요한
일이다. 교회에서 가장 많이 들리는 메시지가 무엇인가?
　"하나님은 너를 사랑해."

"넌 축복의 사람이야."

"넌 사랑받는 사람이야."

그러나 말로만 소중하다고 하지, 행동과 표정과 말투로는 전혀 다른 메시지를 전하고 있지는 않은가?

'교회 다니는 애 말투가 왜 저래?'

'왜 저런 과격한 장난을 치는 거야?'

말로만 외칠 뿐, 전혀 전해지지 않는 메시지들이 우리 아이들을 교회 밖으로 향하게 하고 있지는 않은가?

학생을 위해 싸워주는 교사

내가 맡았던 고등부에 형편이 너무 어려운 여학생이 있었다. 당시 상업고등학교를 다니고 있었는데, 어느 날 이 아이가 펑펑 울며 전화를 했다.

"왜 울어?"

"목사님, 저 선생님한테 맞았어요."

지금은 불가능하지만 이때만 해도 선생님께 맞는 일이 그렇게 드문 일은 아니었다.

"왜 맞았어?"

내가 묻자 떠들어서 맞았단다. 그런데 혼자서 떠들 수는 없지 않은가?

"너랑 같이 떠든 애도 맞았어?"

그러자 막 울면서 아니란다. 같이 떠든 아이는 어머니 회장 딸이라서 안 맞고, 자기만 맞았다는 것이다. 사실 맞을 만해서 맞았다면 그렇게 울지 않는다. 그런데 둘이 떠들어서 혼자 맞으면 운다. 억울해서. 게다가 선생님이 "돈이 없으면 떠들지나 마라"라고 했다는 것이다.

그 얘기에 나는 그냥 있을 수가 없었다.

"그 선생님 이름이 뭐야? 내가 지금 간다."

그리고 진짜 학교로 찾아갔다. 내가 워낙 목사처럼 안 생겼으니 가서 삼촌이라고 할 생각이었다.

학교 교무실에 도착하자마자 발로 문을 뻥 찼다. 싸움은 기선제압이 중요한 것 아닌가. 그러자 문짝이 날아 갔다. 사실 문이 앞으로 열릴 줄 알고 찼는데, 알고 보니 미닫이문이었던 것이다. 속으로 움찔했지만, 들어가서 아무개 선생님 어디 있느냐고 찾았다.

그러면서 어떻게 선생님이 그런 말을 할 수 있느냐고 큰소리로 '싸워줬다.' 아무도 날 위해 싸워주지 않는 인생이 얼마나 불쌍한가? 그래서 그걸 해준 것이다.

그러자 교장 선생님이 나오셨다. 학생을 정말 사랑하는 훌륭한 분이셨다. 내용을 들으시고는 그 선생님에게 정말 그렇게 말했냐고, 엄청 야단을 치셨다. 그 정도면 됐다 싶어서 교무실을 나와 그 아이의 반에 올라갔다. 뺨을 맞아서 아직도 볼이 벌건 아이를 꼭 안아주며 이렇게 말했다.

"니네 선생님 지금 교장 선생님한테 엄청 혼나고 있어. 앞으로 이런 일 있으면 빨리빨리 얘기해. 목사님이 매번 온다."

아이는 엉엉 울었다.

다음 날 아침에 출근을 했더니 내 책상 위에 한 열다섯 장 되는 편지가 놓여 있었다. 편지 끝에 이런 내용이 있었다.

"앞으로 목사님이라고 부르지 않고 아빠라고 불러도 돼요?"

바로 문자를 보냈다.

"오늘부터 아빠라고 불러. 마침 내가 아들만 두 명이라 딸이 없어서 서운했는데, 꼭 아빠라고 불러야 된다."

이런 얘기는 금방 소문이 난다. 그날 학교 수업 끝나자마자 여자아이들 네 명이 찾아왔다. 자기들도 목사님을 아빠라고 불러야 한다는 것이다. "좋다. 너희들까지 오케이" 했더니, 저녁에 고등부 애들 예닐곱 명이 또 찾아왔다. 자기들도 아빠라고 불러야 한다는 것이다.

이미 너무나 소중한 아이들

30명, 50명 모이던 고등부가 부흥하게 된 데는 한 가지 이유밖에 없다. 내가 설교를 잘하면 얼마나 잘했겠고, 성경을 잘 가르치면 얼마나 잘 가르쳤겠는가? 그냥 아이들과 함께 뒹굴었다. 진심으로 아이들의 편이 되어주고 싶었고, 그렇게 했다.

공과를 체계적으로 잘 가르치는 교사보다 그들과 함께 뒹굴며 그들의 소중한 삶을 알려주는 교사가 필요하다. 아이들이 사랑스러워야 한다. 그들이 소리를 치든, 욕을 하든 상관없이 그저 사랑스럽게 바라볼 수 있는 교사가 필요하다.

말로만 전해지는 메시지는 힘이 없다. 그 말이 그들의 마음에, 그들의 삶에 닿지 않으면 아무 소용이 없다.

함께 만나고 밥 먹고 이야기하는 것.

사실 다음세대 사역에서 이만한 것이 없다.

지름길은 더더욱 없다.

진심이 이긴다.

그들이 무언가를 해야만 소중해지는 것이 아니다. 그들은 이미 더없이 소중하다. 이것을 끌어내주어야 살아난다. 성적이 그들을 규정할 수 없다. 무조건 편들어주고 사랑하자.

"너희들은 숨만 쉬어도 귀하단다."

있는 그대로 사랑해주고, 인정해주고, 세상 가치에서 벗어나 그들을 끌어안아주자. 우리 아이들은 이미 더 이상 사랑스러울 수가 없다. 이미 더 이상 소중할 수가 없다.

복음은 우리가 아직 죄인 되었을 때 우리를 사랑해주신 주님의 러브스토리다. 그 복음을 우리 아이들에게도 전해주자.

13

아이들과 함께 놀아라

"목사님, 엄마 아빠도 저를 인정해주지 않아요. 선생님들은 제가 반에 편성될까 봐 걱정합니다. 제 친구에게 들었는데요, 목사님은 저희에게 편견이 없으시다면서요? 저 같은 애도 편들어주십니까?"

아이들이 종종 나에게 했던 질문이다. 나는 이렇게 대답해준다.

"목사님은 청소년 때 너희보다 더 방황했다. 그래도 지금 목사 한다. 나는 무조건 너희 편이야. 그 대신 너희도 숨기지 말고 언제든지 찾아와라."

나는 아이들에게 생각나는 목사가 되고 싶었다. 그래서 학교도 자주 찾아갔고, 아이들에게 부당한 일이 생기면 어디든 찾아 나섰다. 한창 청소년 사역을 할 때는 학교와 학원이 나의 일터였다. 책상에서 기다리기만 하면 아이들은 아무도 안 온다.

교사로서, 사역자로서 아이들과 사역하려면 시간의 투자 없이는 안 된다. 아이들과 영화도 봐야 하고, 같이 즐겁게 놀기도 해야 한다.

노는 것이 사역

아이들과 노는 것인지 사역하는 것인지 헷갈리는 교사가 가장 좋은 교사다. "목사님은 아이들과 맨날 놀기만 하시네요"라는 말이 나는 하나도 섭섭하지 않았다. 나도 헷갈릴 때가 많았다. 내게는 노는 일이나 사역이 잘 구분이 안 되었다. 그래서 쉬는 날에도 아이들을 불러내서 먹고 놀았던 적이 많다.

사실, 그래서 오래 사역할 수 있었다고 생각한다. 노는 게 사역이고 사역하는 게 노는 거니까 일단 재미있다. 일이라고 생각하면 얼마나 지겹겠는가? 아이들을 만나는 게 재미있어야 한다.

아직 관계 사역을 경험해보지 못한 분에게 이런 사역을 권하면 당연히 부담스러워한다. '만나면 뭐라고 해야 하나? 뭘 하면서 놀아야 하지?' 걱정도 된다. 그러나 한두 번 그렇게 하면서 조금씩 관계가 형성되다 보면 단순히 함께 있기만 해도 재미있다고 느껴지는 순간이 찾아온다. 일단 그런 관계가 형성되면 학생은 어렵고 힘든 일이 생길 때 선생님의 얼굴을 떠올리고 선생님과 상의하게 될 것이다.

상의하면 문제는 커지지 않는다. 하지만 그렇지 않고 모두가 자연스럽게 알 때쯤 되면 문제는 이미 심각한 수준에 다다라 있을 때가 많다. 관계 중심의 사역은 이런 일을 미연에 방지해준다.

안타까운 것은 아이들이 문제를 저질러놓고 찾아온다든지, 문제가 심각해졌을 때 알게 되는 경우다. 아이들 생각에는 어렵고 힘든 문제겠지만 어른이 개입하면 심각하게 발전하지 않을 수 있는 문제들이 많기 때문이다.

문제는 해결하기보다 예방하는 것이 바람직하다. 아이들과 대화의 문이 열려 있을 때 문제의 예방이 가능하다. 교사가 그 일을 할 수 있다.

물론 그렇다고 선생님이란 타이틀만으로 "언제든 어려울 때 찾아와"라고 말만 한다고 아이들이 스스럼없이 선생님을 찾게 되는 것은 아니다. 아이들과 관계를 맺고 학생이 속마음을 털어놓을 수 있는 상대가 되도록 관계를 형성해나가야 한다.

아이들과 친해지려면

많은 선생님이나 교역자가 물어본다.

"어떻게 하면 아이들과 친해질 수 있나요?"

그때마다 내가 해주었던 대답들을 몇 가지로 정리해봤다.

1. 표현하라

아이들에게 친하게 지내고 싶다고 표현하라. 말하지

않으면 모른다. 어떤 교사는 "저는 아이들과 친근하게 지내고 싶지만, 아이들은 원하지 않아요. 제가 나이가 너무 많아서 어려워하는 것 같아요"라고 하는데, 그렇지 않다. 아이들도 원한다.

그러면 어떤 사람과 친근한 관계를 맺고 싶겠는가? 자기를 진정으로 좋아하고 이해해줄 수 있는 사람을 아이들은 찾고 있다. 아이들에게 친하게 지내고 싶고 함께 있고 싶다고 자주 이야기하라. 아이들이 상담하고 싶은 사람으로 생각날 수 있도록 말이다. 관계를 맺고 벽을 없애는 일이 교사의 몫이라는 것을 기억하자.

2. 있는 그대로의 모습을 보여주라

영어로 하면 "Be yourself"이다. 있는 그대로 보여주라. 자기 스타일대로, 받은 은사대로 해야 한다. 아이들은 자신의 모습을 자연스럽게 보여주는 교사를 원한다. 사람마다 달란트가 다르듯, 스타일도 제각각 다르다는 사실을 기억하라. 어떤 사람은 따뜻하고 다정하게 접근하는 스타일이 맞다. 또 어떤 사람은 약간은 터프하게,

스스럼 없이 대하는 것이 맞다. 어떤 스타일이 더 좋다고 말하는 것보다 자신의 스타일을 개발하고 그 스타일로 대하는 것이 가장 좋다.

이때 가장 중요한 것은 지속적이고 진실해야 한다는 것이다. 내가 아닌 다른 모습으로 다가가려고 하면 그 모습을 지속하기 어렵다. 진실한 모습이야말로 아이들의 마음문을 열 수 있는 열쇠다.

선생님이 아이들의 문화를 배우는 것은 좋지만, 선생님이 아닌 아이들이 얘기하는 것처럼, 또는 아이들의 언어를 사용하는 데 익숙하지도 않으면서 애써 그들의 언어를 흉내 내보려고 하는 것은 아이들이 보기에도 부자연스럽고 처량해 보인다.

아이들의 언어를 따라 쓴다고 아이들과 저절로 친해지는 게 아니다. 자연스럽게, 진실하게, 지속적으로 대하라. 아이들은 믿을 만한 선생님을 원하지, 억지로 어떤 모습을 흉내 내어 부자연스럽게 말하고 행동하는 것을 원하는 게 아니다.

3. 아이들에 대해 기억하라

아이들에 관한 신상, 다니는 학교, 생년월일, 좋아하는 것, 싫어하는 것 등 여러 가지 내용을 기억해두라. 아이들이 많아질수록 어렵겠지만, 교사는 자기 반 아이들의 신상 정도는 확실하게 외워둬야 한다.

이것을 외우는 가장 좋은 방법은 기도다. 기도하지 않는 교사라면 학생의 이름도 그들의 삶에도 관심이 없을 것이다. 그들에 대해 외우는 것은 사랑한다는 가장 좋은 표현 방법이다. 아이들을 좋아하면 그들을 알기 원하는 것이 당연하다. 아이들 역시 자기에 대해 많이 아는 교사를 좋아할 수밖에 없다. 자신에게 관심을 기울이고 있음을 느끼게 되기 때문이다.

아이들의 생일을 그냥 지나가지 말라. 그 아이를 귀하게 생각하는 마음을 표현하는 방법으로 아이의 생일을 기억해주고 축하해주는 것처럼 효과적인 게 없다. 이런 기회를 놓치지 말라.

아이에 대해 많이 아는 교사가 좋은 교사다. 그러나 그것은 웬만한 노력으로 되는 일이 아니다. 아이의 전화

번호가 바뀌었는데도 모른다면, 그건 말이 안 되는 일이다. 아이가 얘기하지 않았다는 건 이유가 안 된다. 맡은 기간 동안 그 아이의 영혼을 책임지는 교사로서 아이에 대한 변동사항을 일일이 파악하는 것이 교사의 책임이다.

4. 좋은 질문을 하라

좋은 질문은 좋은 대화를 여는 지름길이다. "예" 혹은 "아니오"로 끝나지 않는 질문이 좋다. 단답형으로 끝나는 질문이 아니라 아이들의 생각을 끌어낼 수 있는 질문을 하라.

"너는 이런 것에 대해 어떻게 생각하니?"

이런 질문이 좋다. 자신의 생각이나 삶을 나눌 수 있는 질문을 한 다음 그들의 답을 경청하라. 교사가 아이들을 가장 빨리 알 수 있고, 아이들과 가장 빨리 친해질 수 있는 방법은 그들의 이야기에 귀를 기울여주는 것이다. 지나가는 질문이 아니라 진정으로 그 아이가 하는 말을 듣기 원하는 마음으로 질문해야 한다.

한번은 어느 선생님이 아이에게 질문을 하고는 아이가 진지하게 답을 하려는 순간 시계를 보고 자리를 뜨는 모습을 보았다. 나는 그 모습이 너무 안타까웠다. 그 아이가 다시 마음을 열기까지 쉽지 않을 것이기 때문이다.

건성으로 아이에게 관심이 있는 척 한다고 그 모습에 마음을 열 아이는 하나도 없다. 서로 느낀 점을 이야기하다 보면 아이는 자신의 말에 귀 기울여 들어주는 선생님에게 자연스럽게 호감을 느낀다.

무엇을 생각하고 무엇을 느끼는지 물은 후에는 기다려야 한다. 금세 말문이 트이지 않는 아이들도 많기 때문이다. 이때 잠시 썰렁해지는 분위기를 참지 못하고 먼저 말을 꺼내는 교사가 있는데, 그럴 경우 아이들이 다시 말을 하기가 쉽지 않다. 좋은 질문으로 좋은 대화를 유도하고 좋은 관계를 쌓아가기 바란다.

5. 그들의 문화를 배우라

청소년 문화는 빠르게 변한다. 그래서 좋은 점도 있다. 청소년 자신들도 청소년 문화가 뭔지 확실히 잘 모른다는 것이다.

그런데 어른들은 종종 지금 유행하는 문화가 아이들이 좋아하는 문화라고 착각하는 실수를 저지른다. 무슨 뜻이냐면, 어른들이 알 만큼 일단 한 번 뜬 문화는 아이들 사이에서는 이미 뒤처지고 있는 문화란 말이다. 그만큼 아이들의 문화는 변화 속도가 빠르다.

이것을 모른 채 이미 지난 문화를 들먹이며 아이들 앞에서 뒤늦게 아는 척하는 경우가 있는데, 그럴 때 아이들은 기막혀 한다. 그렇게 뒤처지지 않으려면 교사는 아이들의 문화를 익히는 데 좀 더 적극적이어야 한다.

영화나 가요도 접해보고 요즘 뜨는 영상도 많이 보아야 한다. 함께 영화를 보고 차를 마시며 이야기를 나누면서 그 대화 속에 드러나는 아이들의 가치관을 만져주는 시간을 갖는다면, 그것만으로도 훌륭한 성경공부가 될 수 있다.

예전에는 TV 프로그램이나 광고, 영화, 가요 등의 대중문화만 유심히 살펴도 어느 정도 아이들의 문화를 따라갈 수 있었는데, 요즘엔 아이들의 문화 채널이 더 다

양해지고 그 변화 속도도 더 빨라졌다. SNS, OTT, 디지털콘텐츠 플랫폼, 밈 문화 등 적극적으로 관심을 가지고 살펴야 할 것들이 더 많아졌다.

아이들의 문화를 받아들이지 않아도 된다. 일부 사역자 중에는 사명감에 불타 밤낮으로 아이들이 접하는 음악과 영화에 몰두하는 분이 있다. 그러나 반드시 그렇게 해야 하는 것은 아니다. 문화적 감각만 놓치지 않으면 된다. 문화는 아이들과의 관계를 형성할 수 있는 좋은 다리가 되기 때문이다.

아이들이 무엇을 보고 무엇을 듣고 어떤 생각을 하는지 가장 빨리 알 수 있는 길은 아이들의 문화를 연구하는 것이다. 아이들의 연령에 따라 그들만의 문화와 문화의 변화 추이를 지켜보면 아이들의 행동을 이해할 수 있는 경우가 많다.

6. 다양한 소통 수단을 활용하여 주중에도 계속 연락하라

쉽지 않은 일이지만 나누어서 하면 그리 어려운 일도 아니다. 날마다 한두 명에게만 연락해보라. 일이 훨씬

수월해진다. 전화 통화나 문자뿐만 아니라 요즘 아이들이 많이 활용하는 카카오톡이나 SNS의 다이렉트 메시지 등을 활용해서 주중에도 계속 연락하는 것이 중요하다.

아이들에게 친숙한 소통 수단뿐만 아니라 전혀 낯선 수단을 사용하는 것도 좋은 방법이다. 요즘 아이들은 디지털 수단을 많이 활용하다 보니 우표가 붙여진 진짜 편지나 손글씨 카드를 받아본 경험이 거의 없다. 그래서 우체국 소인이 찍힌 편지를 받으면 정말 신기하고 신선하게 받아들이면서 좋아한다.

나는 꽤 오랫동안 생일을 맞은 아이들에게 장문의 편지를 써서 보냈다. 인원이 점점 많아지면서부터는 편지 대신 카드나 엽서로 대신하기도 했다. 편지나 카드, 엽서 등 무엇이 되었든 간에 직접 쓰고 우표를 붙여서 보내면 아이들은 유난히 좋아한다.

7. 아이들의 행사에 참가해보라

만일 유치부 교사라면 1년에 한두 차례 있는 유치원 행사에 찾아가보라. 예를 들어, 어린이집이나 유치원마다 재롱잔치나 장기자랑 같은 행사가 있는데, 그럴 때 꽃다발을 들고 찾아가서 "너무 잘했다. 네가 최고다. 네가 너무너무 자랑스럽다"라고 칭찬을 전하면 그 아이가 어떤 마음이 들겠는가? 이런 선생님을 둔 아이라면 절대로 주일에 교회를 빠지지 않는다.

미국처럼 클럽 활동이 왕성할 경우, 스포츠, 음악, 연극 등 행사가 다양하다. 하지만 한국에는 아이들을 위한 행사가 그리 많지 않기 때문에 1년에 몇 차례만 신경 쓰면 아이들의 행사에 충분히 참석할 수 있다. 유치원이나 학교 발표회, 축제, 학생의 콩쿠르나 운동경기 등 교사가 참여할 수 있는 기회가 있으면 놓치지 말고 찾아가서 아이들에게 용기를 북돋워주기 바란다. 아이에게 절대 잊을 수 없는 특별한 선생님으로 깊이 새겨지는 순간이 될 것이다.

미국에서 사역할 때, 학교 축구부에서 실력을 인정받은 한 아이를 알게 되었다. 보통 경기가 있는 날이면 부모님들이 시합에 따라가곤 하는데, 형편이 좋지 않았던 그 아이의 부모는 일 때문에 한 번도 그 아이의 시합에 오지 못했다. 그 아이가 축구부 스타였는데도 불구하고 말이다.

그 아이의 친구가 우리 교회에 나오면서 그 친구를 나에게 소개해주었고, 그 후로 나는 그 아이의 경기가 있을 때마다 교사들과 함께 경기장에 찾아가서 응원해주었다. 우리가 큰 목소리를 십분 활용하여 열심히 응원을 해주었더니 다른 학생의 부모님들도 다들 좋아해주셨다.

처음에는 교회에도 안 나가는 자신을 보러 온 것이냐며 의아해했으나 우리는 금세 친해졌다. 나는 그 아이에게 교회에 나오라고 한 번도 얘기하지 않았지만, 얼마 지나지 않아 그 아이를 교회에서 보게 되었다.

교회에 앉아서 기다리기만 하는 사역은 하지 말자. 아이들이 있는 곳에, 아이들의 행사가 있는 곳에 가서 함께하는 교사가 되자. 그러면 놀랄 만한 간증들이 쏟아질 것이다. 교사들에게 아이들을 찾아다니는 열정이 있는 한, 우리 아이들을 빼앗기지 않을 것이다.

Q 학부모와의 소통은 어떻게 하나요?

A 교육 사역에 있어서 가장 중요한 부분 중 하나가 학부모 사역이다. 학부모와 교사가 함께 기도하는 기도회를 만드는 것이 좋다. 예전에 교육부서 디렉터로 사역할 때, PTP(Parent Teacher Prayer)라는 기도회를 만들어서 매주 토요일 오전에 교사와 학부모가 함께 모여서 기도를 했다.

부모와 교사가 함께 아이들을 위해 눈물로 기도하다 보니 사역은 저절로 풍성해졌다. 학부모 기도회는 최대한 간단한 순서를 진행하면 좋다. 짧은 찬양과 말씀 후에 기도제목을 놓고 뜨겁게 기도하는 것이다. 이 기도회는 교육부 전체가 함께 하면 좋다.

어린이와 청소년을 섬기는 것은, 동시에 자녀를 둔 가정을 향한 사역임을 기억해야 한다. 학부모와 소통하며 그들과 함께 사역해나가야 한다.

여전히 메아리치는 격려

20대 초반에 신학생으로서 어떤 길을 가야 하나, 어떤 사역을 감당해야 할까 고민하던 내게 큰 영감과 도움을 준 분이 홍민기 목사님이시다. '탱크목사'라는 다소 무시무시한 타이틀과 함께 목사님을 처음 접하게 되었을 때, '어떻게 저런 목사님이 다 계시지? 이렇게도 청소년들을 만날 수 있구나' 하는 충격과 공포와 도전을 함께 전해주신, 상당히 기이하고 놀라웠던 기억이 생생하다.

"나는 혼나는 전도사였다"라셨던, 혼나면서도 포기하지 않는, 본질과 진리라고 믿는다면 그 길을 끝까지 달려나가는 한 사람을 경이롭게 지켜봤다.

특히 목사님이 집필하신 《교사의 힘》은 교사와 사역자로서 어떻게 한 영혼을 사랑하고 품고 인내하는지 보여주었다. 상처받고 힘들더라도 이 길을 포기하지 말아야겠다는 다짐을 다시 한번 내 마음에 심어준 놀라운 책이었다.

지금도 여전히 20년 전의 그 감동이 내 마음속에 메아리치고 있다. 다음세대 사역을 감당하면서 힘들 때마다 끝까지 포기하지 말라고, 힘들어도 그 길을 계속 나아가라고 외치는 소리가 들리는 것 같다.

나의 젊은 시절에 잊지 못할 흔적을 남겨주신 한 분과 이제는 옆에서 함께 걸어갈 수 있다는 것이 얼마나 감사하고 놀라운지 모른다. 여전히 보고 배울 수 있는 믿음의 선배가 계셔서 참 감사하고 든든할 따름이다. 🌳

"힘들면 언제든 연락해"

처음 홍민기 목사님을 만났을 때를 아직도 잊을 수 없다. 내가
섬기던 캠프의 3회차 강사로 오셨던 그날, 목사님은 은혜롭고
도전적인 말씀으로 청소년과 스태프 모두에게 깊은 울림을 주셨
다. 예배를 마치고 목사님께 인사를 드리며 강사 사례를 전하려
는데, 목사님은 뜻밖의 질문을 하셨다.

"캠프 사역, 힘들진 않냐? 아이들은 얼마나 모여?"

이 두 마디는 단순한 질문이 아니었다. 사역에 대한 진심 어린
관심과 걱정이 담긴 질문이었다. 사실 캠프 사역을 하며 힘든 순
간이 많았다. 열정만으로 버텼다. 어려운 상황이 와도 누구에게
기대거나 물을 용기가 나지 않았다. 하지만 그 순간, 목사님의
따뜻한 말 한마디에 그간 혼자라고 느꼈던 시간이 무너지면서
마음 한편이 편안해지고 있었다.

내가 건넨 봉투를 고스란히 돌려주시며 목사님은 "스태프들과 식사라도 해라"라고 말씀하셨다. 그 말에 눈물이 핑 돌았다. 물질의 문제를 떠나 내게는 사역을 응원하는 마음이 무엇인지 배우는 순간이었다. 그리고 목사님은 덧붙여 말씀하셨다.

"힘들면 언제든 연락해."

힘들면 언제든 연락하라는 어른이, 선배가, 선생님이 있다는 것은 참 큰 힘이며 든든한 버팀목이 된다. 사역의 길을 걸으며 무너지고 싶을 때마다 목사님의 그 말씀이 떠올랐다. 목사님은 말뿐이 아니라 삶으로, 행동으로 진심을 보여주셨다. 캠프는 늘 쉽지 않았지만, 목사님의 격려와 본보기가 지탱하게 했다. 그리고 지금 내가 누군가의 버팀목이 되기 위해 노력하는 이유도 그날의 목사님의 모습이 떠오르기 때문이다.

나에게 그날의 만남은 단순한 우연이 아니었다. 캠프라는 치열한 현장에서 나를 붙들어준 하나님의 위로와 격려였으며, 다시 앞으로 나아갈 힘을 주는 중요한 순간이었다. 목사님이 보여주신 그 따뜻한 배려와 격려는 내 삶의 방향을 바꾼 은혜의 시작이었다. 🌳

현장에서 입증된 탁월함

전도사로 처음 사역을 시작했을 때 어디서부터 무엇을 해야 할지 몰라 모든 게 막막했지만, 특히 가장 어려웠던 부분이 '교회학교 교사'였다. 사역을 이제 막 시작한 어린 전도사가 교사들을 가르치고 지도한다는 것은 정말 두렵고 막막한 일이었다.

지금도 사역 현장에서 동일한 마음을 품고 있을 후배 사역자들이 있을 줄 안다. 그런 내가 당시에 큰 도움을 받았던 것이 홍민기 목사님의 책 《교사의 힘》, 《탱크목사 중고등부 혁명》이었다. 무엇보다 《교사의 힘》은 교회학교 사역에 대한 핵심 원리들이 담겨 있어서 교사들을 교육하거나 함께 배워나가기에 부족함이 없었다.

홍민기 목사님의 책은 단순히 이론뿐 아니라 홍 목사님의 삶과 다양한 사역 현장, 그리고 그 현장에서 입증된 탁월함을 바탕으로 쓰인 책이다. 이제 교계의 고전처럼 되어버린 《교사의 힘》이 출간 20주년을 맞이하여 리뉴얼되어 새롭게 출간된다는 소식에 벌써 기대감이 부푼다.

코로나 팬데믹이 언제 왔었냐는 듯 일상을 되찾은 듯하지만, 여전히 주변에서는 교회학교들이 어렵다는 소리가 가득하다. 이 어려운 시기에 홍 목사님의 책이 다시금 한국 교회 교회학교와 그 사역을 최전방에서 감당하는 교역자들 그리고 교사들에게 큰 도움이 되리라 믿어 의심치 않는다. 🌳

The Strength of Sunday School Teachers

PART 5

무엇을
가르칠 것인가

chapter

14

교회는 다르다

20여 년 전에 한국으로 사역을 하러 들어왔다. 처음 맡았던 아이들은 노량진에 있는 교회의 고등부였다. 그 당시 노량진은 아직 재개발이 다 이루어진 상태가 아니어서 아파트에 사는 친구들과 좀 어렵게 살아가는 주택가의 친구들이 섞여 있었다.

공부를 아주 잘하는 아이들은 별로 없었지만, 너나 할 것 없이 모두 자신의 현재 성적으로 갈 수 있는 대학보다는 좋은 대학에 가고 싶어 했다.

교회에서도 단연 '성적'이 우선 거론되는 대화 주제였다. 나는 가장 먼저 이것을 바꿔야겠다는 생각이 들었다. 교회는 학원이 아니다.

기독교 교육의 목적

1년에 한 번 치러지는 대학수학능력시험. 수능시험 치른다고 영어 듣기평가 시간에는 비행기도 안 뜬다. 공무원도 늦게 출근한다. 모든 국민이 영향을 받는다.

내가 더 놀랐던 것은 교회마다 수능 특별기도회가 열린다는 것이었다. 수능시험을 보는 시간표와 똑같이 시간표를 짜서 기도한다. 정말 특심으로 기도한다.

기독교가 왜 이런 일을 하는지, 이해가 안 갔다. 공부는 달란트다. 잘하는 아이도 있고, 못하는 아이는 더 많다. 성적으로 누군가를 평가한다는 것은 기독교의 본질과 맞지 않는다.

기독교 교육의 가장 중요한 목적이 무엇인가? 바로 그들을 하나님의 사람으로 온전하게 만드는 것이다. 그런데 부모나 교사 모두 우리의 아이들을 하나님의 사람으로 온전하게 되도록 하는 사명에 전력을 다하고 있지 않다.

교회에서도 공부 잘하는 아이를 칭찬한다. 교회마저, 교회에서 봉사도 안 하고 이기적이어도, 공부만 잘하면 그 아이를 인정하는 모습을 보인다.

적어도 교회는 달라야 한다. 가정이나 학교에서도 공부 잘하느냐 못하느냐로 사람을 판단하는데, 교회에서까지 공부로 사람을 차별해선 안 된다.

기독교 교육의 교육철학은 공부를 잘하느냐 못하느냐에 있지 않다. 하나님의 사람으로 온전하게 되는 데 모든 목적과 주의를 기울여야 하기 때문이다.

하나님은 아이들을 공부로만 축복하시지 않는다. 공부 잘하는 아이 중에도 신앙생활 잘하는 아이가 있다. 그러나 공부만 잘할 뿐 믿음도 없고 신앙생활에 열의도 없는 아이도 있다. 그런 아이를 공부 잘한다고 마냥 칭찬해줄 필요가 있겠는가?

공부도 하나의 달란트다. 그림 잘 그리고, 장사를 잘하는 것도 한 달란트다. 어느 것이 더 좋고 나쁘지 않다. 하나님을 제대로 믿고 하나님 앞에 온전하게 바로 서는 것이 진짜 복이다. 그런데 교회교육을 하는 교회선생님들마저 생각과 가치관이 세상 사람과 똑같다면 그건 말이 안 된다. 그러니 먼저 우리부터 변해야 한다.

달란트 중심의 교육이 일어나야 한다

'교육'을 뜻하는 영어단어 'education'은 라틴어 'educo'(에듀코)에서 나온 말이다. 이는 '끌어낸다' 혹은 '인도해낸다'라는 뜻이다. 그러므로 교육은 주입하는 것이 아니라 끌어내는 것이어야 한다.

교육은 절대로 일방통행이 되어서는 안 된다. 쌍방통행이어야 한다. 교사는 가르치고 학생은 배우기만 하는 구조에서는 아이들의 달란트를 살리거나 아이의 독창적인 생각을 끌어내는 방향으로 나아가기가 어렵다.

사방에서 아이들에게 주입시키려고만 한다. 아이들은 학교에서도 일방적으로 배우고 학원에서도 일방적으로 배운다. 아이들이 무슨 생각을 하는지, 무엇을 어떻게 느끼는지는 중요하게 여기지 않는다.

우리는 하나님께서 이미 그들에게 주신 것을 끌어내자. 하나님께서 얼마나 소중하게 그들을 창조하셨으며, 하나님이 그들 안에 이미 가지고 계신 너무나 아름다운 계획을 그들과 함께함으로 끌어내는 것이 교회학교 사역이 되어야 한다.

하나님께서 계획 없이 이 땅에 보낸 생명은 없다. 그리고 그 계획을 이루시기 위해 모든 인간에게 소중한 달란트를 주셨다. 공부는 그중 하나일 뿐이다. 공부도 한 달란트고, 운동도 한 달란트고, 게임 잘하는 것도 한 달란트고, 춤 잘 추는 것도 한 달란트로 다 똑같다. 그런데도 유독 공부만이 하나님이 거룩한 계획을 통해서 주시는 축복이며 다른 것들은 다 하찮은 것들이라고 생각하기 때문에 아이들도 헤매고 부모들도 헤매는 것이다.

100명의 아이들 중에서 1등은 단 한 명이다. 그러면 나머지 아이들은 다 포기해야 하는가? 아니다. 하나님이 포기하시지 않은 아이들을 우리가 왜 포기하는가?

달란트 중심의 교육을 해야 한다. 달란트 중심으로 교육하면 한 아이도 버릴 아이가 없다. 모든 아이들에게는 다 하나님께서 주신 달란트가 있다. 또 그 달란트를 통해 이루실 하나님의 귀한 계획이 있다.

나는 공부 못해서 기죽어 있는 아이들에게 이렇게 얘기한다.

"너희들이 나중에 더 잘되어서 공부 잘한 놈들 데려다 써라!"

공부는 물론 아주 중요한 달란트다. 그러나 다른 달란트도 그만큼 중요하다. 달란트 중심의 교육을 하기 위해서는 어떤 달란트는 더 좋고 또 어떤 달란트는 별것 아니라는 생각부터 버려야 한다.

공부 대신 선택한 길

미국에서 사역할 때 유독 공부를 못 하는 여학생 한 명이 있었다. 미국 학교들은 공부를 잘하는 학생, 비교적 잘하는 학생, 보통인 학생, 못하는 학생, 진짜 못하는 학생 등으로 학생을 수준별로 나누어 수업을 하고 평가도 달리 한다. 그러니 공부를 정말 못하는 아이들로 구성된 반의 선생님은 조금 더 편하게 가르치고 평가하는 편이다. 그런 부담 없는 반에서 그 학생이 과락을 했다.

그런데도 그 아이의 부모는 기어이 아이를 대학에 보내야겠다고 고집을 부리셨다. 미국에는 원서만 내면 들어갈 수 있는 대학이 많기 때문에 불가능한 것은 아니었다.

그러나 미국 대학이 한국 대학과 다른 점은, 대학에 들어가는 그날부터 죽도록 공부해야 한다는 것이다. 고등학교 때 죽도록 공부해서 대학에 들어간 다음부터는 놀아도 된다는 한국과는 달리, 미국은 고등학교 때까지는 놀면서 공부해도 일단 대학에 들어가면 엄청나게 공부시키기 때문에 공부를 안 할 수 없다. 공부하지 않으면 졸업을 할 수 없다.

공부를 그렇게도 못 했던 이 아이가 잘하는 것이 있었다. 아무도 안 가르쳐줬는데도 이 아이가 머리를 만지면 미용실에서 한 것보다 나았다. "다른 사람의 머리를 만져주고 꾸며줄 때가 제일 행복하다"라고 말하는 친구였다. 나는 그 아이의 부모를 3개월간 설득했다.

"따님을 대학에 보내지 마세요."

물론 그 부모님은 완강하게 반대하셨다. 자식 공부 제대로 시켜보겠다고 이민 와서 고생하고 있는데, 대학에 보내지 말라니 말도 안 된다고 말이다. 하지만 이 아이가 설령 대학에 들어간다고 해도 어려운 공부를 따라

가기에 역부족이란 사실을 다들 알고 있었다. 결국 마음대로 하라는 반승낙을 받아냈다.

나는 그 아이를 미용학원에 보냈다. 대학도 아니고, 전문대도 아닌 단순한 2년제 학원이었는데도 수강생이 많았다. 그리고 그 아이는 학원을 수석으로 졸업했다.

그런 다음 미용실을 차렸는데 얼마나 잘되었는지 모른다. 어린 나이에 종업원을 수십 명씩 데리고 일을 했다.

입시 중심으로 흐르고 있는 공교육은 사회적으로도 문제가 되고 있다. 그런 학교 교육은 차치하고, 교회까지 그러면 되겠는가? 교회는 전적으로 달란트 중심의 교육을 지향해야 한다.

하나님이 주신 달란트를 가지고
하나님의 사람으로 온전하게 쓰임 받으며 살아가는 것,
그것이 바로 우리 교육의 목표이다.

고3도 크리스천이다

공부만 중요하게 생각하는 교육은, 고3을 크리스천 대
열에서 제외시키곤 한다. 그러나 입시를 앞둔 고3도 크
리스천이다. 고3이라 해서 예배에 당연히 참석을 안 해
도 된다는 법은 없다. 변화의 과정 중에 있는 아이들에게
가장 필요한 것은 확고한 기준이다. 세상 기준으로 살지
않도록 제대로 가르쳐야 한다.

고3의 특권?

한국에 와서 고등부를 담당하며 수련회를 준비하는
데, 고3 아이들이 당연하다는 듯이 이렇게 말했다.

"목사님, 저희는 수련회 마지막 날 가는 거 아시죠?"

"아니! 왜 마지막 날 오냐? 너희들이 무슨 스타냐? 마지막 날 오게?"

그러자 아이들은 고3은 원래 그런 거라고 하면서, 그것도 아주 큰 헌신을 하는 것처럼 말했다. 아니, 고3이라고 이렇게 설렁설렁 믿음 생활 하다가 수능 날 그리 간절히 기도하는 것이 무슨 의미가 있는지 모르겠다.

나는 그 얘기를 듣고 야단을 쳤다.

"2박 3일 수련회 마지막 날이면, 그날 바로 돌아오는 것인데 무슨 소리냐? 고3이라면 더 똑바로 해야지?"

그러면서 고3 아이들을 모아서 특별한 사정이 있는 아이들이 아니라면 수련회 첫째 날부터 참석하도록 독려했다. "하나님은 너희가 그렇게 대해도 되는 분이 아니다"라고 말해주었더니, 아이들도 수긍했다.

그 수련회에서 고3들이 특히 큰 은혜를 받았다. 하나님 앞에 기도하고, 회개하고 돌아온 고3들에게 나는 이렇게 말했다.

"고3 때 가장 잘 믿어야지, 고3 때 바쁘다고 예수님을 안 믿는다면 그것은 예수 믿는 사람이 아니다!"

믿음을 포기하지 않는 아이로 키우자

아이들이 교회에 나오고 주일을 지킨다고 해서 저절로 좋은 점수가 나오는 것은 아니다. 고3 아이들이 새벽예배에 나온다고 시험을 잘 보는 것도 아니다. 그러나 새벽예배에 나와 기도하고 주님이 원하시는 방법으로 준비한 고3은 절대 시험 점수로 평가되거나 성적순으로 쓰임받는 인생이 되지는 않을 것이다.

하나님은 주님을 인정하고 주님께 예배드린 자를 사용하신다. 지금도 살아 계신 하나님이 그분을 믿고 예배하는 백성을 잘못되게 하지 않으시리라고 믿는다.

결과보다는 과정을 중요하게 여기시는 하나님께서 물으실 것이다.

'너는 어떻게 입시를 준비하였느냐?'

대학 때문에 하나님 섬기는 것을 유보한 학생은 앞으로 그의 인생길에 조그마한 시련이 닥치더라도 하나님 섬기는 일을 보류하는 나약한 영혼이 될 것이다. 이런 영적 약골은 하나님이 중용하지 않으신다.

교사는 하나님의 사람으로서 입시를 준비하며 힘들어

하는 학생들을 위해 기도하고 응원해야 한다. 그러나 흔들리지 않는 하나님 중심, 믿음 중심의 바른 가치관을 가르쳐주어야 한다. 믿음은 가치관이다. 이제 가치관을 배워가고 정립해가야 하는 아이들 앞에서 절대 세상 가치에 흔들리는 모습을 보이지 말자. 교사가 흔들리면 아이들은 무너진다.

하나님의 사람으로 온전하게 하기 위해

우리는 어떻게 하면 우리 아이들을 하나님의 사람으로 온전하게 할까를 늘 고민해야 한다. 공부만이 축복이 아니다. 하나님의 사람이 되는 것이 축복이다. 이런 정답을 이미 알고 있으면서 실천하기란 왜 그렇게 어려운지 모르겠다.

교회교육이 변하지 않으면 이 땅에 변화란 있을 수 없다. 이 땅의 회복은 우리 아이들의 회복에서 시작된다. 아이들의 회복은 하나님의 사람으로 온전하게 하는 교육에서부터 시작한다.

이 사역을 위해 우리는 하나님의 말씀인 성경을 가르치는 일에 열정을 가져야 한다. 우리 아이들의 마음이 하나님의 말씀으로 가득해야 하며, 하나님의 말씀이 들어갈 때 변화된다는 사실을 믿어야 한다.

한국교회에는 우리 아이들이 하나님의 말씀으로 온전하게 되는 그날까지 아이들을 바르게 교육하기 위해 애쓰는 교회선생님들이 필요하다.

Q 새친구의 정착이 어렵습니다. 새친구를 교회학교에 잘
정착시키는 방법이 없을까요?

A 여러 가지 방법이 있겠지만, 새친구반을 따로 운영하여 반 전
체를 새로 온 아이들로 구성하는 것은 좋지 않다. 아이들은
어색한 분위기를 질색한다. 그런데 반 친구 모두가 다 교회에
처음 온 친구들이니 그 반의 분위기가 얼마나 어색하겠는가.
일단 그 친구를 교회에 오도록 전도한 친구가 있으면, 그 친
구의 반에 편성하여 교역자와 교사가 만남을 통해 환영하는
것이 좋다.

교사 혹은 교역자가 새친구를 빨리 만나는 게 중요하다. 아
직 마음을 붙이지 못할 때 확신을 줄 수 있는 만남이 될 수 있
다. 최대한 어색함을 자연스럽게 빨리 탈출하는 것이 열쇠다.
예배 때도 따로 세워 공개적으로 환영하는 것보다 반에서 자
연스럽게 환영해주고 정착하도록 돕는 것이 더 효과적이다.

chapter

16

생각하고 결단하는 아이들

예수님의 여러 사역 중에서 '가르치는 사역'이 핵심 사역
이었다. 똑바로 올바르게 가르치는 것은 중요하다. 믿
음을 가지고 바르게 살려고 하는 학생들에게 우리는 말
씀으로 승부하는 사역을 펼쳐야 한다.

제자훈련이나 성경공부를 소홀히 하지 말라. 한 번의
예배와 한 번의 성경공부가 갖는 위력을 간과하지 말고,
기도하며 성실히 준비하는 교사가 되어야 한다.

예수님은 직접 말씀을 가르치시는 사역 외에도 병자를
고치시거나 먹이셨을 뿐 아니라 많은 기적을 베푸셨다.
그러나 그 이유 역시 믿음을 갖게 하기 위함이었다. 따라
서 신앙 훈련을 소홀히 하는 사역은 기독교 사역이라고
할 수 없다.

아이들을 위한다고 하면서 아이들을 지나치게 약한 존재로 취급하거나 스스로 아무 일도 하지 못하게 만드는 것은 교사로서 가장 주의해야 할 부분이라고 생각한다. 학생들이 언제까지나 연약하고 철없는 채로 머물지 않고 믿음의 사람으로 성장해갈 수 있도록, 그래서 학교에서나 가정에서 믿음의 사람으로 좋은 본보기가 될 수 있도록 훈련하는 것이 필요하다.

생각하도록 도전하라

요즘 아이들은 어떤 이슈나 사건에 대해 심각하게 생각하는 일이 거의 없다. 믿음을 갖게 되고 신앙생활을 하게 된 아이들이라도 말씀을 듣고도 생각 없이 생활하기 일쑤다. 교사를 의존하고 사역자를 의존하면서 자신의 믿음에 대해 심각하게 생각하지 않는 경우가 많다. 계속 그런 상태가 이어진다면 그 학생의 신앙 성숙에 큰 문제가 초래될 것이다.

깊이 생각할 수 있는 아이로 교육해야 한다. 믿음이

있는 학생들조차 하나님의 나라와 하나님의 사람에 대해 깊이 생각하지 않는다면 어떻게 회복의 역사가 일어날 수 있겠는가?

주일예배나 공과 시간, 혹은 성경공부에서 이런 교육을 하는 일은 쉽지 않다. 그러나 소그룹 제자훈련을 활용한다면 충분히 가능한 일이다.

믿음은 뜬구름 잡는 것이 아니다. 지적 사고를 동반하는 성경공부를 하도록 하자. 믿음 좋은 아이들 중에도 감정적인 체험을 빼고 나면 생각할 줄 아는 믿음을 가진 아이들이 너무 적다. 청소년들을 대상으로 하는 수많은 수련회나 집회가 지나치게 감정적으로 흐르는 경향이 있기에 현장에서 울고불고 은혜를 받아도 나중에는 자신이 무엇을 결단했는지조차 헷갈리고 결국 흐지부지되고 마는 경우가 종종 있다. 따라서 학생들에게 강력한 말씀훈련과 더불어 생각하고 고민하는 훈련이 필요하다.

서둘러서 공과 시간을 마치는 것이 중요한 게 아니라, 그들의 생각이 지적 헌신으로 연결되도록 독려해야 한다.

영어로 "provoke your thought"라는 말이 있다. '생각을 자극하는 일이 필요하다'라는 뜻이다. 아이들이 감정에 치우치기 쉬운 나이지만, 생각하고 고민하면서 하나님을 만나는 체험이 있어야 한다. 생각하고 결단하게 되면 감정적으로 결단할 때보다 더 강한 위기 대처 능력을 갖게 된다.

오직 감정으로만 주님을 알게 되면 사람의 감정에 따라 들쑥날쑥하게 되고, 조금만 어려워져도 쉽게 동요한다. 신앙의 기복이 심하다면 그것은 바람직한 신앙생활이라 할 수 없을 것이다. 그러니 학생들이 신앙의 문제를 깊이 생각할 수 있도록 도전하고 교육하는 교사가 되기 바란다.

함께 말씀을 묵상할 때 조금 더 깊이 생각하며 묵상할 수 있도록 도전하고 격려해주면 좋다. 생각할 수 있는 좋은 질문을 활용하는 것도 좋다. 처음부터 잘 되지는 않겠지만, 점차적인 훈련을 통해 자신의 믿음과 신앙에 대해 깊이 생각하는 연습을 할 수 있을 것이다.

생각이 결단으로 연결되도록 하라

그렇다고 생각만 하면 안 된다. 이를 적용해야 한다. 한국 교회의 많은 문제가 바로 여기에서 기인한다. 말은 많은데 적용과 실천이 너무 적다. 교사는 학생들이 머뭇머뭇하지 않고 주님을 위해 결단하도록 담대히 사역해야 한다. 아이들에게 아무런 부담을 주지 않고 좋은 관계만 유지한다고 해서 그것을 올바른 '관계 사역'이라고 할 수는 없다.

교사는 자신이 가르치는 학생이 주님을 위해 살 수 있도록 결단하는 계기를 만들어줄 책임이 있다. 결단 없는 신앙생활은 십자가 주위를 맴도는 신앙일 뿐이다. 크리스천 같지만 크리스천의 힘이 없는, '교회에 다니는 사람'으로 전락할 수밖에 없다.

주님은 확실한 결단을 촉구하셨다.

예수께서 대답하여 이르시되 진실로 진실로 네게 이르노니
사람이 거듭나지 아니하면 하나님의 나라를 볼 수 없느니라

요 3:3

학생들은 결단하기를 두려워한다. 이미 결단해보았으나 시간이 흐르면서 결단한 대로 순종하지 못했기 때문이다. 그러나 결단은 중요하다. 교육에도 목표가 필요하듯이 신앙생활에도 목표가 필요한데, 결단은 목표를 정해주기 때문이다.

믿음은 결단한 그 목표를 향해 세상을 버리고 걸어가는 담대한 모습이다. 그렇게 결단하는 아이들 중에는 학교 친구들에게 외면당하거나 심할 경우 따돌림을 당하는 일도 있을 수 있다. 그러나 지속적인 결단으로 신앙생활을 해나간다면 학교를 변화시킬 만한 막강한 영향력을 발휘하게 될 것이다. 영향력 있는 삶을 살기 위해서는 반드시 결단해야 한다. 그만큼 결단은 중요한 것이다.

결단한 바를 완벽하게 수행하지 못할지라도 결단한 대로 힘쓰는 믿음을 통해 성숙한 크리스천의 삶을 살 수 있게 된다는 것을 잊지 말자. 결단하면 우리의 믿음이 성장한다.

묵상 훈련을 시키라

생각하고 결단하는 아이로 가르치는 가장 좋은 방법은, 묵상을 훈련하는 것이다. 크리스천에게는 묵상의 훈련이 필요하다. 또한 그렇게 묵상한 것을 삶에 적용하여 실천할 수 있도록 가르치고 훈련하는 것이 중요하다.

그러나 시끄럽고 바쁜 세상에서 묵상하는 일은 쉽지 않다. 특히 학생들은 15분의 고요함을 참지 못한다. 몸을 비비 꼬고 손을 돌리고 다리를 꼬면서 15분 동안 말을 안 하고 있기란 아이들에겐 매우 어려운 일이다.

게다가 요즘 아이들은 혼자 있는 것을 어려워한다. 혼자 있는 것을 긍정적으로 생각하지 못하면 하나님과의 1대1의 관계도 어려워진다.

그래서 훈련을 해야 한다. 고요함 가운데 있지 못하면 깊은 생각을 할 수 없다. 고민이 없고 묵상이 없는 교육은 일방적으로 배우기만 하는 교육, 실천이 없는 교육이 되기 쉽다. 배우면 그만큼 고민해야 한다. 많이 가르치려고 하지 말고 적용에 힘쓰는 교육을 하자.

크리스천으로서 또 목회자로서 내 삶에 영적으로 가

장 중요한 것이 무엇이냐고 묻는다면, 나는 큐티라고 대답할 것이다. 나와 하나님의 관계가 매일 주시는 하나님의 말씀 속에서 원리를 찾고 계획되고 적용되기 때문이다. 교재에서 단 한 문제를 다루더라도 적용과 실천에 대해 고민하고 묵상하는 것이 필요하다.

생각하지 않는 것은 매우 안타까운 일이다. 하나님은 우리를 생각하고 고민하게 만드셨다. 그러나 우리는 바쁘고 시끄러운 세상 속에서 생각하고 고민하기보다 즉흥적으로 행동하는 일이 더 많아졌다.

하지만 영성은 즉흥적이지 않다. 우리의 신앙도 즉흥적으로 성장하지 않는다. 하나님과 조용히 1대1로 만나는 아이들이 될 수 있도록 교육하고 훈련시키는 교사가 필요하다.

chapter

17

죄를 죄라고 가르치라

언제부터인가 죄를 심각하게 생각하는 일이나 회개하는 일이 드물어졌다.

그러나 한 영혼이 주께 나아오려면 죄를 인정하고 회개하는 역사가 반드시 일어나야 한다. 회개하지 않는다면 그것은 올바른 사역이 아니다.

그러니 교사로서 죄에 대해 지적할 수 있는 사역을 하라. 죄를 포용하고 용서하고 품어주는 것도 반드시 필요하지만, 죄를 쉽게 넘어가서는 안 된다. 죄에 대해 쉽게 생각하고 누구도 책임지려 하지 않는 이 시대에 죄에 대한 책임과 죄의 마지막이 무엇인지 정확히 가르쳐야 하는 것이 교사의 책임이다.

긍휼의 마음으로 죄를 가르치라

물론 죄에 대해 지적할 수 있으려면 긍휼히 여기는 마음이 우선이다. 그들을 사랑하는 마음이 없다면 누가 그런 지적을 듣고 회개하겠는가?

무조건 아이들을 억압한다고 죄를 멀리하게 되는 것은 아니다. 이 부분을 오해하지 말라. 아이들과 솔직하게 이야기를 나누고 아이들을 이해하는 것은 반드시 필요하다. 그러나 예수 믿는다는 것은 그것 자체로 죄를 회개하는 역사가 일어나는 일이다. 그런데 죄의 심각성을 가르치지 않고 담대하게 죄를 지적하지도 않는다면, 아이들은 자신의 삶 속에서 무엇이 죄인지조차 모르게 된다. 그래서 죄를 지적하고 죄에 대해 가르쳐야 한다는 것이다.

그동안 자신이 가장 믿어왔던 선생님이 자신의 죄를 지적할 경우, 아이들은 실망하거나 거칠게 반항할 수도 있다. 그러나 지속적이고도 솔직한 관계를 유지하되 죄를 지적하고 가르쳐서 주 안에서 새로운 삶을 시작할 수 있도록 도와야 한다.

죄에 대한 이해는 기독교의 핵심이다. 그러니 이것을 분명히 가르치지 않는다면 이는 기독교 교육이 아니다. 긍휼히 여기는 마음으로 죄를 죄로 가르치고, 함께 결단하며 회개할 수 있도록 돕는 사역을 하자.

인내하고 기다려라

교육 사역에서 가장 중요한 것이 인내다. 하나님의 말씀을 가르치고, 사랑으로 품어주며, 죄에 대해 가르쳤다면 이제 인내를 갖고 기다리자. 아무리 말을 해도 안 듣고 잘못된 삶을 살아도, 시간과 사랑을 쏟아부었지만 아무 반응이 없어도, 그들을 기다려주어야 한다.

하나님께서 우리를 기다려주시고 인내하셨다는 것을 잊지 말자. 힘들고 포기하고 싶을 때 언제나 하나님과의 1대1의 시간을 통해 긍휼히 여기는 마음을 회복시켜달라고 기도하라.

미국에서 사역할 때, 다루기 힘든 아이가 한 명 있었다. 우울증으로 인해 학교도 자퇴한 채 집안에만 머물던 아이였다. 아무도 그 아이의 사정을 들어보려 하지 않았고, 학교에서도 포기해버린 아이였다.

처음 그 아이를 만났을 때, 보통 아이들과는 확 다르다는 인상을 받았다. 나는 거의 매일 그 학생의 집을 방문하여 함께 이야기를 나누며 라면을 끓여 먹었다. 아버지 어머니 모두 일을 하셨기 때문에 그 아이는 매일 혼자였다.

그렇게 6개월쯤 지났을 때(그때까지 교회나 신앙 이야기는 전혀 하지 않았다), 다른 친구들과도 어울려보지 않겠냐고 조심스럽게 물었다. 그랬더니 선뜻 좋다는 대답을 해주었다.

그다음부터 나는 아이들을 모아 함께 그 아이의 집에 방문하기 시작했다. 아이는 내가 그렇게 집을 방문한 지 1년이 지나서야 교회에 나오기 시작했고, 또 1년이 지난 후에야 개인적으로 주님을 만나는 역사가 일어났다.

나도 사람인데, 그 시간이 짧게 느껴졌을까? 아니다. 나도 정말 포기하고 싶었다. 전혀 변화가 없어 보이는 아이를 붙잡고 얼마나 참기 힘들었는지 모른다. 그러나 그 아이가 교회에 나오고 예수님을 만나 새사람이 된 것은, 내가 투자한 2년의 시간과는 비교할 수 없이 귀한 열매다.

지금 당신이 맡은 반에 죽어도 안 변할 것처럼 꿈쩍 않는 아이가 있는가? 절대로 포기하지 말고 인내하며 기다리자. 복음으로 변화시키지 못할 학생은 없다. 복음의 능력을 확신하고 영혼 구원에 힘을 다하는 교사에게 역사가 일어난다. 그를 위해 기도하며 자주 만나고 격려해 주라. 그럼 하나님의 때에 열매를 거둘 것이다.

Q   연령 발달에 대한 전문적 교육이 필요한가요? 교육을 전
    문적으로 배우지 않았는데 어떻게 해야 하나요?

A   요즘은 서적이나 유튜브를 통해서 전문 지식이나 전문가의
    강의를 쉽게 접할 수 있다. 나이에 따른 심리 발달이나 소통
    방법에 대한 전문 지식을 배우는 것도 어렵지 않다. 물론, 교
    사가 모든 부분에서 전문가가 될 수는 없다. 하지만 교사가
    아는 만큼 아이들에게 가르침을 줄 수 있는 것은 분명하다.
    그러니 자기 계발을 하는 것은 교사로서 참 중요한 일이다.
    교회학교가 나이별로 나뉘어 있다면, 해당 부서의 교역자나
    교사는 그 나이의 특성과 과정을 훈련하는 것이 좋다. 전문
    적인 지식은 허튼 교육을 막는다. 그러니 기본적인 지식만이
    라도 습득하고 훈련을 받아서 자신이 맡은 아이들에 대해 어
    느 정도 알고 사역하는 교사가 되면 좋겠다.

따뜻한 진심의 도전

20대 초반, 한 청소년 캠프의 스태프로 섬기던 시절에 홍민기 목사님을 처음 만났다. 강단 위에서의 첫인상은 강렬했다. 목사님에게는 단순히 말로 전할 수 없는 포스와 권위가 있었고, 그 안에 담긴 복음에 대한 진심과 열정은 스태프였던 나의 마음을 단번에 사로잡았다.

특히, 목사님의 설교는 단순히 귀로 듣는 말씀이 아니라, 삶과 신앙의 깊이를 직접 체험하게 하는 시간이었다. 복음의 본질을 진솔하게 풀어내는 그 분의 메시지는 내게 도전과 위로를 동시에 주었고, 나는 그 캠프에서 복음에 대한 새로운 깨달음과 헌신의 열망을 품게 되었다.

이후 관계를 맺게 되며 가까이에서 본 목사님의 모습은 더욱 깊은 감동을 주었다. 강단 밖에서도 말씀하신 바를 삶으로 실천하는 모습과 사회적 지위나 나이와 관계없이 사람을 대하는 따뜻한 진심은 내게 큰 도전이 되었다.

캠프에서의 만남은 나에게 단순한 추억으로 남지 않았다. 그 영향은 현재 내가 섬기고 있는 '네임리스캠프'라는 사역으로 이어졌다. 목사님의 메시지와 삶은 나에게 사역자로서의 비전과 방향성을 제시해주었고, 지금도 여전히 내 안에서 중요한 복음의 원동력이 되고 있다. 🌳

극심한 사춘기 시절에 만난 목사님

청소년 시절 연합캠프에 참석한 기억이 있다. 이미 세월이 많이 흘러, 그때 내가 참석했던 캠프의 이름은 잊혀졌지만 둘째 날 저녁에 말씀을 전해주셨던 강사 목사님은 잊지 못하고 있다.

그때 나는 극심한 사춘기를 보내고 있었고, 소위 '못 댄 신앙'이라 불리는 '모태 신앙인'으로, 삶뿐만 아니라 신앙이 완전히 무너진 상태였다. 그런 내게 강사 목사님의 입술을 통해 선포된 강력한 복음의 메시지는, 무너진 신앙을 다시금 일으켜 세우는 초석의 역할을 했다. 그리고 그때 '제가 만약 하나님을 위한 도구로 쓰임 받는다면, 청소년을 위해 쓰임 받았으면 좋겠어요'라고 고백했던 기억이 생생하다.

우리 하나님은 나의 작은 신음과 같은 고백에 응답해주셨고, 청소년 사역으로 나를 인도해주셨다. 그러다 우연 같은 하나님의 섭리 가운데서 홍민기 목사님을 만나게 되었고, 그 순간 나는 알 수 있었다. 청소년 시절 나의 신앙을 회복하는 데 가장 큰 영향을 주신 분, 캠프 둘째 날의 메신저가 지금 내 앞에 앉아 있는 홍민기 목사님이란 사실을 말이다!

그 후 지속적인 교제를 통해 다음세대 사역 현장에서 놓치지 말아야 할 크고 작은, 보다 세밀한 영역들의 조언을 들으며 성장하는 중이다. 작은 바람이 있다면 나도 홍민기 목사님처럼 누군가에게 좋은 신앙의 선배요 어른이자 하나님의 사람이었으면 좋겠다는 것이다. 나의 어릴 적 신앙과 지금의 사역에 여러 방면으로 선한 영향을 주신 홍민기 목사님에게 감사하다. 🌳

The Strength of Sunday School Teachers

PART 6

선생님,
힘내세요

완벽하지 않아도 된다

교회선생님으로 섬겨달라는 말이 끝나기도 전에 화들짝 놀라며 자기는 아직 개인 신앙생활도 제대로 못 하고 있다면서 손사래를 친다. 아직은 누구를 가르치고 지도할 깜냥이 아니란 말이다. 매년 교육부는 교사 영입 전쟁이다.

그러나 교사라고 완벽하지 않아도 된다. 교회학교 교사는 자신의 힘과 지식으로 가르치는 세상의 교사들과는 근본적으로 차이가 있다. 교회학교 교사에게는 엄청난 '백'(back)이 있다. 바로 성령님이시다.

교회선생님은 성경 지식만 가르치는 사람이 아니라 삶의 변화를 추구하는 사람이다. 그러한 변화를 위해서는 사람의 힘만으로는 불가능하다. 그러나 성령께서 역사하시면 우리가 상상할 수 없었던 엄청난 역사가 일어난다는 것을 사역 현장에서 체험하곤 한다.

교회선생님은 하나님께 쓰임 받는 사람이다. 자신의 힘으로는 아무것도 할 수 없다는 것과 하나님께 붙잡히면 큰 열매를 맺을 수 있다는 것을 인정하며 사역에 임하는 사람이다.

흔히 '교회선생님이라면 이래야 한다'라고 생각하는 잘못된 고정관념을 몇 가지로 정리해보았다.

교회선생님은 성경 지식에 특출해야 한다?

아니다. 교회선생님이라고 어떻게 성경을 다 알 수 있겠는가? 교사는 완벽한 사람이 아니라, 함께 고민해주는 사람이다. 물론 성경 지식이 많다면 도움이 되겠지만, 아는 것이 많다고 자기가 아는 것을 설명만 한다면 오히려 좋지 않다.

모르는 것은 모른다고 하면서 아이들과 함께 고민하는, 솔직한 교사가 좋다. 자신의 경험과 지식을 의지하기보다 아이들을 생각하고 아이들을 위해 기도하며 준비하는 마음으로 사역해야 좋은 교사가 될 수 있다.

성경에 대해 특별한 지식이 없을 수도 있다.
다만 맡은 공과 시간을 위해
최선을 다해 준비하면 된다.

나는 지식으로 하기보다 진실한 모습으로 겸손하게 교사의 사역을 감당할 때 많은 열매를 맺는다고 확신한다. 그리고 교사로 열심히, 성실히 사역하다보면 성경에 대해 많이 알 수 있다. 그러니 처음부터 겁내거나 포기하지 말라.

교회선생님은 말을 잘해야 한다?

아니다. 말을 잘하는 것은 분명 도움이 된다. 하지만 말만으로는 사람의 마음을 얻을 수 없다.

미국에서 사역할 때, 연세가 많으셔서 영어를 잘 못하

시던 선생님이 영어가 훨씬 편한 한인 2세들을 맡으신 적이 있다. 초반에는 서로 쉽지 않았지만, 지속적인 사랑을 주신 선생님에게 아이들은 마음을 열었다. 반도 부흥했고, 어떤 행사를 해도 이 선생님이 맡은 반이 1등을 했다. 아이들은 할 말 못 할 말 다 할 정도로 선생님을 신뢰했다.

그 선생님은 절기 때나 주말이면 아이들을 집으로 초대해서 손수 식사를 만들어 먹이곤 하셨다. 그 선생님을 추억하는 아이들의 기억엔 그리움이 묻어난다.

교회선생님은 말재주로 하는 것이 아니다. 말만 잘하는 것은 오래가지 않는다. 말을 잘해야 하는 것이 아니라 마음을 잘 써야 한다.

교회선생님은 유머 감각이 좋아야 한다?

있으면 좋다. 하지만 없어도 전혀 문제없다. 그러나 유머 감각이 없는데, 지나치게 노력하여 아이들에게 썰렁한 유머를 구사하는 것은 역효과가 난다. 있는 모습 그대로, 자연스러운 모습으로 아이들에게 다가가면 된다.

아이들을 웃기는 것보다 중요한 것은 아이들과 '함께' 웃고 울 수 있는 교사다. 함께 울고 웃으며 항상 같은 모습으로 아이들에게 다가가는 교사가 오래간다.

내가 아는 정말 '썰렁한' 선생님이 계셨다. 그런데 그 반 아이들은 선생님이 너무 재미있다고 해서 고개를 갸우뚱했던 적이 있다. 그 반에는 항상 웃음이 넘쳤다. 알고 보니 그 선생님은 반 아이들의 생일이며, 시험, 아팠던 날 등을 기억하고 일일이 챙기는 분이었다. 그러니 아이들은 그 선생님만 봐도 좋다고 하는 것이다. 그 반에는 항상 웃음이 넘쳤다.

유머러스하지 않아도 괜찮다.
아이들의 유머에 잘 웃어주면 된다.
아이들과 함께 울고
함께 웃어주면 된다.

교사는 엄하게 교육해야 한다?

아니다. 이제는 일방적이고 딱딱하고 엄하기만 한 교육은 성공할 수 없다. 그런 교육엔 아이들이 반감만 가질 뿐이다. 학교야 싫어도 어쩔 수 없이 가야 하지만, 교회는 싫으면 오지 않는다.

물론 분명한 진리 아래 기준과 원칙을 가르치는 것은 중요하다. 그러나 그것도 올바른 관계가 선행되어야만 효과가 있다. 관계가 형성되어 서로 신뢰하게 되었을 때, 아이들은 자신을 타이르고 꾸중하는 교사의 말 한마디를 진지하게 받아들인다.

친구 같은 교사가 되어야 한다?

언제든 찾아갈 수 있는 편한 교사가 좋다. 그러나 그것은 진짜 아이들의 친구 같은, 아이 같은 교사를 말하는 것이 아니다. 아이들은 또 다른 친구를 원하는 것이 아니라 어른 중에 존경하고 신뢰할 수 있는 어른, 자신을 사랑해주는 어른을 원하고 있다.

많은 교사가 "내가 너의 좋은 친구가 되어줄게"라고 말하지만, 정작 아이들은 아이 같은 교사, 또 한 명의 친구가 아니라 존경할 수 있는 선생님, 지속적이고 흔들림 없는 선생님을 원하고 있음을 기억해야 한다.

물론 친구처럼 다가가야 할 때가 있다. 그러나 교회선생님은 아이들의 또 다른 친구이기보다 진정으로 마음을 열고 기댈 수 있는 선생님이 되어야 한다. 아이들에게는 마음을 열고 찾아갈 어른이 필요하다는 사실을 잊지 말라.

무조건 학생 편을 들어주어야 한다?

물론 우리는 아이들의 편이 되어주어야 한다. 그러나 교육은 기준이 확실해야 한다. 아이들 편에 서주는 대신, 확실한 기준을 가지고 가르치도록 노력해야 한다. 성경적인 기준에서 확실한 울타리를 만들어주어야 한다.

오늘날 일어나고 있는 일들 중에 세상의 기준으로 볼 때는 아무런 문제가 되지 않는 것 같아도 그 가운데 얼마나 비성경적이고 잘못된 것들이 많은지 모른다. 이럴 때일수록 더욱더 명확한 기준을 제시해야 하는 것이 교회선생님의 책무라고 생각한다.

확실한 울타리가 자유를 준다. 울타리 안에 자유가 있고, 행복이 있고, 존중이 있다. 아무 규칙도 없는 것은 오히려 자유를 앗아간다. 그러니 성경을 기초로 한 분명한 울타리를 세워야 한다. 교사도 그 울타리 안에 있어야 한다. 교사가 울타리가 아니라, 성경이 울타리다.

나는 해외 사역으로 비행기를 탈 일이 많다. 긴 시간 비행기를 타고 가다 보면 참 불편하고 답답하다. 그래서 가끔 비행기 뒤편으로 가서 서 있을 때도 있다. 그러나 누구도 비행기가 너무 답답하다고 비행기 문을 열어 달라고 하지 않는다. 비행기 문을 여는 순간 답답함이 해소되는 게 아니라 모두의 생명이 위험해진다는 것을 알기 때문이다.

무조건 감싸고 안아주는 것은 좋은 교육이 아니다. 아이들이 울타리 밖으로 넘어가면 가르치고 혼내야 한다. 울타리는 분명한 기준이며 규칙이다. 감정적으로 정하는 게 아니라 성경을 지침으로 하는 테두리다. 교사는 정확한 성경의 기준을 잡아주고, 그 울타리를 쳐주어야 한다.

진정한 자유란
하나님이 허락하신 울타리 안에서 이루어진다.

교사는 성령의 인도하심을 따르는 열정이 있어야 한다. 자신의 영성을 위해 기도생활도 충실히 해야 한다. 성령의 역사하심을 바라고 기다리며 그것에 대해 소망을 갖는 것이 기독교 교육이다.

당신은 어떤 교사인가? 혹시 세속화의 길을 걸으며 자기가 아는 것으로 가르치려 하고 있지는 않은가? 성령의 인도하심을 바라는 열정이 없다면, 더 이상 기독교 교육이라고 할 수 없다. 나의 힘, 나의 열정으로 가르치는 것은 기독교 교육이 아니다.

chapter

19

교사의 책임

교회선생님의 자세가 뭐냐고 묻는다면 나는 이렇게 대답한다.

"목숨을 다하는 것이다."

나는 정말로 우리 아이들을 위해 죽을 수도 있다는 마음으로 사역을 해왔다. 그것이 하나님께서 나에게 주신 사명이기 때문이다. 교사가 자기가 가르치는 아이들을 보아도 가슴이 두근거리지 않고 뜨거운 열정이 솟아나지도 않는다면 그것은 큰 문제다.

교회선생님에게는 자신이 맡은 아이들의 영혼에 대한 사명이 있다. 아무나 교회에 나올 수는 있다. 그러나 확실한 사명 없이 아무나 교회선생님을 해서는 안 된다. 교회선생님은 영적인 사역이기 때문이다.

나는 현직 학교 교사 혹은 교육자라 해도, 자신의 신앙에 대해 뜨거운 열정이 없고 주님이 우리를 위해 죽으시고 부활하셨다는 것에 대한 감사와 찬양이 없다면, 아무리 교회에 잘 나오고 봉사를 잘한다고 해도 교사의 직분을 맡기면 안 된다고 생각한다.

교사와 하나님과의 관계가 먼저 이뤄져야 한다

이 책에서 계속 아이들과 교사의 관계성에 대해 강조해왔다. 사역이 이뤄지려면 먼저 아이들과의 관계를 맺는 것이 이뤄져야 한다는 것이다. 그러나 '관계'란 아이들에게 말씀을 잘 가르치기 위한 준비운동에 불과하다. 가장 중요한 것은 아이들이 '선생님과의 관계'를 통해 '주님과의 관계'로 나아가야 한다는 것이다.

그러기 위해서는 교사가 먼저 주님과 올바른 관계에 있어야 한다. 감사하는 마음으로 하나님의 부르심에 합당한 생활을 해야 한다.

하나님과의 관계 없이 아이들과 놀 수는 있지만,
아이들을 변화시킬 수는 없다.

하나님과 살아 있는 관계를 지속하는 사람만이 진정으로 아이들을 위하고 그들의 변화를 위해 수고하는 교사의 사역을 감당할 수 있다.

아이들을 이해한다는 것은 아이들이 원하는 대로 모든 것을 해준다는 뜻이 아니다. 하나님의 사람으로 온전하게 되도록 하기 위해 때로는 아이들을 혼내기도 해야 한다.

많은 에너지를 쏟아부어야 하는 이 일은 사명 없이는 불가능하다. 사명감에 불타는 교사들이 있다면, 그 교회학교에는 가능성이 있다.

책임을 다하는 교사

그러나 사명감에 불탄다고 다 좋은 교사가 될 수 있는 것은 아니다. 교사는 교사만의 책임이 있다. 그 책임을 다해야만 바른 교사가 될 수 있다. 교사가 가져야 할 책임은 어떤 것이 있는가?

첫째, 약속을 지키려는 책임감

아무리 어린아이를 대상으로 하는 사역이라고 해도 가장 중요한 것은 그들을 존중하는 일이다. 존중하는 사람과의 약속은 반드시 지켜야 한다. 약속을 쉽게 어기는 사회일수록, 어른들이 아이들에게 쉽게 약속하고 또 그 약속을 제대로 지키지 않는 경우가 많다. 그러나 그럴수록 교사는 절대적으로 아이들과의 약속을 지켜야 한다.

둘째, 자신의 영성에 대한 책임

교사는 영성을 향한 열정이 있어야 한다. 자신의 신앙을 위해 투자하지 않는 사람은 교사로서 자격이 없다. 교사가 먼저 먹어야 아이들에게 줄 수 있지 않겠는가.

자신의 영성을 위해 말씀을 먹고 적용하며 간증하는 교사가 가르칠 때, 그 말씀 또한 강하게 전달된다. 바쁘다고 핑계 대며 자신의 영성을 관리하는 데 소홀한 교사라면 자기 자신을 위해서라도 교사를 안 하는 게 낫다.

그러나 하나님의 부르심을 받아 시작한 일을 어떻게 쉽게 그만둘 수 있겠는가? 그러니 자신의 영성을 위해 부단히 투자해야 한다. 이것이 교사의 책임이다.

먼저 예배를 철저히 드리자. 부서 예배를 열심히 드리는 것도 물론 중요하지만, 아이들이 오나 안 오나 신경쓰다 보면 예배에 집중하기가 어렵다. 그러니 자신이 집중해서 예배할 수 있는 시간에 반드시 예배드리기 바란다.

자신의 영성 생활을 위해 매일 주님과 교제하는 시간도 빠짐없이 가져야 한다. 옛날에 받았던 은혜에 의존하여 사역하다 보면 금세 탈진하고 만다. 그러면 아이들도 건성으로 대하게 된다. 지금 우리 아이들에게는 영성 있는 교사가 절실히 필요하다.

셋째, 자기 계발의 책임

유행하는 문화, 아이들의 언어, 가르치는 방법 등 교사가 배워야 할 것들은 매우 많다. 올해 아이들에게 적용했던 방법이 내년에도 똑같이 적용되리라고 생각하면 안 된다.

교회선생님은 변질되면 안 된다.
그러나 변화에는 민감해야 한다.

우리 아이들은 매우 빠른 변화 속에서 살아가고 있다. 교회학교 선생님으로 사역의 본질은 변하지 않으나, 변화에는 민감해야 한다. 끊임없이 자신을 계발하여 아이들의 문화코드에 맞는 교사가 되도록 노력할 책임이 있다. 그래서 아이들이 기대하는 성경공부를 준비하는 교사가 되어야 한다. 한 영혼이 주님께 돌아올 때 기뻐하실 주님을 생각하며 교사로서 책임을 다해야 한다.

아이들이 보는 TV프로그램이나 영화, 미디어 콘텐츠 등도 주의 깊게 보면서 아이들의 문화 추이를 따라잡아야 한다. 이렇게 노력하면 성경공부의 서론부(도입부)가 자연히 생동감 넘치게 변화한다.

Q   장기결석 중인 아이들은 어떻게 하죠?

A   최선을 다하되, 지금 교회에 나오고 있는 아이들에게 더욱 집
중하는 것이 좋다. 대체로 교사들은 교회에 잘 나오지 않는
친구들에게 우선 집중하기 때문에 지친다. 장기결석자의 경
우, 각자의 사정과 상황이 있겠으나, 많은 경우 다시 교회에
출석하는 것이 쉽지 않다. 지속적으로 연락을 하되, 너무 많
은 시간과 에너지를 쏟으면 사역 자체에 쉽게 회의를 느낄 수
있다. 그러니 지금 열심히 하는 친구들과 우선적으로 충분히
시간을 보내라. 그러면 자신의 사역이 지지받고 있음을 느낄
것이다.
교사도 때로는 아이들에게 지지를 받아야 한다. 그래야 오래
할 수 있다.

chapter

20

이런 선생님은 되지 말라

이 세상 주일학교에는 두 종류의 교사가 있다. 첫 번째
는 주일학교 사역에 꼭 필요한 교사이고, 두 번째는 조
금 심한 표현이지만, 주일학교 사역을 위해 없었으면 하
는 교사다. 그런 분은 본인을 위해서나 아이들을 위해서
주일학교 사역을 그만두는 편이 훨씬 유익하다.

첫째, 주일이 너무 빨리 온다고 생각하는 교사

"어! 내일이 벌써 주일이야? 어휴! 지긋지긋한 놈들 또
만나야 해?"

눈 깜짝할 사이에 다시 주일이 온다고 느껴진다면, 그
는 세상일에 지나치게 몰두해 있는 사람이다. 세상일에

치여 다른 사람의 영혼은커녕 자신의 영혼조차 돌아볼 여유가 없으니 일주일이 정신없이 지나가고 주일이 금세 돌아오는 것처럼 느껴지는 것은 당연하다. 모처럼 쉬고 싶은 주일 아침부터 아이들을 만나야 하니 '주일은 순교하는 날'이라고 생각하는 것도 무리는 아니다. 하지만 그런 교사라면 문제가 있다.

현대 사회에서 바쁘게 살아가지 않는 사람은 거의 없다. 바쁘더라도 기도하며 준비하는 일은 개인의 신앙 상태에 따라 얼마든지 가능하다. 교사 자신부터 주일 성경공부 시간이 지긋지긋하다면 본인의 신앙 상태를 점검해 봐야 한다.

더욱이 교사 자신도 지긋지긋하게 느끼는 성경공부라면 아이들의 입장에서야 더 말해 뭐하겠는가? 간혹 아이들이 성경공부에 관심이 없는 게 당연할 만큼 세상에는 재미있는 것이 많다고 이야기하는 사람도 많다.

하지만 나는 그렇게 생각하지 않는다. 세상이 주는 어떤 재미도 자신의 마음을 헤아리는 선생님의 마음과 비교할 수 없다. 주일이 너무 빨리 돌아온다거나 아이들이

지긋지긋하다고 느끼는 교사에게서는 아이들을 염려하는 마음을 기대할 수 없다.

솔직히 속이 상하기도 하고 힘이 들기도 해서 때로는 교회에 나가기 싫을 때가 있을 수 있다. 그러나 그 기분이 지속되어서는 안 된다. 적어도 토요일 밤에 우리의 가슴은 기대로 벅차올라야 한다.

"내일 우리 애들을 만나겠구나! 얼른 보고 싶다!"

교회선생님들에게 이런 마음이 없으면서 무슨 사랑을 하겠는가.

둘째, 얼른 끝나기만을 기다리게 만드는 교사

어떤 반은 학생들이 오자마자 "선생님, 오늘 우리 언제 끝나요?"라고 묻는다. 이것은 아이들이 공과 시간에 아쉬움을 느끼지 않는다는 것을 뜻한다. 시계만 보면서 "선생님, 얼른 끝내요"라고 하는 말이나 마찬가지다.

무엇보다 이것이 문제인 이유는, 교사와 학생 사이의 관계에서 발생한 문제이기 때문이다. 선생님과 학생의 관계가 잠깐의 성경공부 시간으로 끝나버리기 때문에 학생들이 선생님과 함께 있는 시간을 그다지 즐거워하지 않는 것이다.

여기에는 한층 심각한 문제가 있다. 성경공부를 하는 동안에도 학생들은 이 선생님의 말을 듣지 않는다는 것이다. 이런 성경공부는 선생님이나 아이들 모두에게 고역이다. 일주일에 한 번 하는 성경공부가 이렇게 되어서는 안 된다.

그러려면 두 가지에 집중하면서 미리 성경공부를 준비해야 한다. 우선적으로, 아이들과 관계를 형성하고 친하게 지내야 한다는 것이다.

그리고 또 하나는, 성경공부를 준비하되, 아이들의 코드에 맞게 준비해야 한다는 것이다. 주일 공과를 쉽게 생각하면 안 된다. 교사는 성경공부 준비에 바빠야 한다. 준비가 안 된 상태로 아이들을 맞으면, 아이들도 그걸 느낀다. 그러면 성경공부 시간이 지루해지고 맥빠진 시간이 되어버리고 만다.

셋째, 학부모가 전혀 존경하지 않는 교사

부모님을 교회학교 사역에 동참시키는 것이 교회학교 교육 성공의 지름길이다. 부모님을 빨리 교회학교의 팀원으로 영입해야 한다. 학부모가 최대 후원자가 될 수 있도록 해야 한다. 그런데 이렇게 되지 못하고 학부모가 교사를 존경하지 않는 이유가 무엇일까?

첫째로 자기 자녀가 선생님을 그다지 좋아하지 않을 때 그렇다. 아이들이 무심코 한 이야기에 부모들은 귀를 기울이고 있다. 주일학교가 끝나고 집에 돌아가서 아이가 "우리 선생님은 약속을 안 지켜. 누구누구만 예뻐해. 우리 선생님은 준비를 안 해 와"라고 하면, 어느 부모가 그 교사를 좋아하고 존경하겠는가?

둘째로, 교사가 부모와의 관계 형성을 위해 아무런 노력을 하지 않는 경우다. 부모님을 교회교육의 한 팀으로 영입하려면 부모님께 반 상황과 사역에 대해 상세히 안내하는 것이 필요하다. 학부모님에게 편지나 문자(카카오톡), 아니면 전화 통화를 하며 무슨 일이 있었는지 알리고 함께 기도할 것을 청한다면 부모님은 대단한 지원

군이 될 수 있다. 물론 학생과 약속한 비밀까지 함부로 누설하라는 말은 아니다. 포인트는, 부모님이 주일학교에 관심을 갖고 사역에 동참할 필요가 있다는 점이다.

시대가 흐를수록 청소년기의 자식과 부모 사이가 날로 어려워지고 있다. 이럴 때 아이들을 사랑하는 부모님과 좋은 관계를 맺고 있는 교사는 아이들과 부모 사이에 다리가 되어줄 수 있다. 그런 까닭에 학생과의 관계는 좋지만, 부모님과는 소원하다면 그것은 바람직한 방향의 사역이 아니다.

간혹 부모에 대한 불만을 토로하는 아이에게 교사가 일방적으로 아이 편만 들어서 부모에 대한 아이의 부정적인 생각을 굳히는 경우도 있다. 그것은 분명히 교사의 잘못이다. 교사는 부모와 아이 사이에 다리 역할을 감당할 줄 알아야 한다.

넷째, 반의 숫자가 줄어드는 교사

물론 가르치는 사역이 숫자로만 평가된다면 잘못이

다. 하지만 10명을 맡겼는데 몇 달이 채 지나지 않아서 5명으로 줄어든다면, 그런데도 아이들이 왜 안 나오는지 알아보지도 않고 안 나오는 아이들을 찾아가 만나보지도 않는다면, 그것은 잘못이다.

한 영혼을 귀하게 여기시는 주님의 마음을 기쁘시게 하려는 교사가 아이들의 결석에 무관심하다는 것은 문제가 있다. 아이가 결석하면 적어도 그 주에 전화 통화는 해야 한다. 안 나온다고 그대로 방치하는 교사는 자격 없는 교사다.

예전에 어느 학부모는 자기 아이가 한 달 동안 교회에 가지 않았는데 선생님에게 전화 한 통이 없다면서 항의를 한 적이 있다. 교회학교 교사가 그렇게 사명감이 없으면 안 하는 게 낫다.

어떤 선생님은 아이들이 안 나오면 주중에 전화하고 만나고 문자나 메시지를 보내며 온갖 정성을 다 쏟는다. 그런가 하면 어떤 선생님은 "아이들이 요즘 바빠서 잘 못 나온다"라고 남 얘기하듯 쉽게 말한다. 교사의 자질은 이런 데서 분명히 차이가 난다.

자신에게 맡겨진 아이가
자신에게 맡겨진 시간에
하나님이 만져주셔서 변화되기를
갈망하지 않는 교사는
숫자가 줄든 말든 상관하지 않는다.

진짜 교사는 아이들이 교회에 안 나오고 방황하며 믿음을 갖지 못하는 것을 그냥 보고 있지 못한다. 누가 시켜서 아이들에게 연락하고 아이들을 찾아가는 게 아니다. 그 아이들의 영혼을 생각하는 뜨거운 열정 때문에, 그리고 그들의 미래에 대한 기대 때문에 오늘도 아이들을 만나고 또 그들을 위해 기도하는 것이다.

꼭 필요한 교사가 되자

문제 있는 교사에 대해 다뤘지만, 문제 있는 교사만 있는 게 아니다. 한국 교회의 교회학교가 이만큼이나 지탱해온 것은 각 교회마다 헌신된 선생님들이 있기 때문이다. 그러나 아무리 열심 있는 선생님이라도 몇 년 하고 나면 계속 사역해나가는 것을 부담스러워하곤 한다. 그만큼 교회학교 선생님은 감당하기 어려운 사역이다.

이유는 여러 가지다. 우선 시간과 물질이 많이 든다. 현대 사회에서 시간의 여유는 물질의 여유와 비례하는 경우가 많다. 하지만 헌신하는 마음이 있으면 시간은 낼 수 있다. 그렇지만 시간을 낸다 해도, 시간 못지 않게 돈도 많이 든다. 일단 아이들을 먹여야 하기 때문이다.

요즘 뭐 하나 먹으려면 얼마나 비싼가? 이래저래 선생님들이 아이들과 관계를 맺으려면 돈이 많이 든다. 그러나 선생님이 다 넉넉한 것은 아니다. 젊은 선생님들일수록 부담을 느낄 수밖에 없다.

이렇게 시간과 물질의 희생이 따를 수밖에 없는 사역임에도, 교회학교에서 교사로 봉사하는 것은 상대적으로 그 공을 인정받지 못하는 경우가 많다. 평소 눈에 잘 띄지 않기 때문이다.

그러나 교회선생님의 역할은 매우 중요하다. 찬양대나 주차 봉사자의 실수로 한 사람의 영혼이 크게 좌우되는 일은 거의 없다. 물론 한 번의 찬양으로 사람의 마음이 열릴 수는 있지만, 하나님과의 만남을 통해 완전히 변화되는 역사를 기대하기는 어렵다.

그런데 교회선생님은 다르다. 그 한 사람의 영향력이 엄청나다. 교사는 작은 목자로서 자신이 맡은 영혼들을 책임져야 함은 물론 말씀과 관계로 아이들을 변화시킬 수 있기 때문이다. 이토록 중요한 교사로 섬기는데, 이왕 하려면 꼭 필요한 교사가 되자. 있으나 마나 한 교사는 없다. 반드시 필요한 교사로서 제대로 사역하지 않으면 아예 불필요한 교사가 되고 만다. 어린 영혼을 직접 상대하는 사람이기 때문이다.

교사는 모든 크리스천이 그래야 하듯 하늘에 보화를 쌓는 일에 관심이 있는 사람이다. 그런 마음 없이는 1년도 버티기 어렵다. 헌신된 교사를 만나는 것이 한 영혼에게 얼마나 큰 축복인지 모른다. 그 선생님 한 명 때문에 아이들의 미래가 달라진다!

chapter
21

롤모델이 되어주는 선생님

교사가 모든 부분에서 다 뛰어나고 완벽할 필요는 없지
만, 아이들이 교사를 바라볼 때 '나도 선생님처럼 예수
믿고 싶다'라는 마음은 생겨야 한다. 한마디로 아이들의
좋은 모델이 되어주어야 한다.

좋은 모델이란 예수님과 함께하는 사람이다. 자기 자
신이 먼저 신앙생활을 제대로 해야 한다는 뜻이다. 자
기 자신도 제대로 간수하지 못하면 누구를 가르칠 수 있
겠는가? 교사는 자신의 영성에 투자하는 사람이어야 한
다. 자기 영성이 좋지 않은데 학생들을 제대로 인도할 리
없다. 교사가 먼저 주님과 함께하는 삶을 살아야 학생
들에게 주님과 함께하는 삶을 보여줄 수 있다.

아이들의 평가는 정확하다. 아이들이 자신들에게 잘

해주는 교사를 좋아할 것 같지만, 아이들은 존경할 만한 교사를 찾는다. 그렇기 때문에 교사의 인품과 삶의 모습은 백 마디 말보다 중요하다.

삶으로 가르치는 교사

배움은 보는 것에서부터 시작한다고 했다. 정답을 보면 절대로 문제를 틀리지 않는다. 아무리 설명을 잘한다고 해도 보여주는 것만큼 빠르고 정확하지는 못할 것이다.

삶과 삶이 만나는 모델링이야말로 아이들에게 가장 강력한 교육 방법이다. 이는 예수님의 교육 방법에도 가깝다.

미국에서 사역할 때, 매년 여름마다 남미나 아프리카, 동유럽 등으로 청소년과 청년들을 데리고 여름 단기선교를 떠났다. 그때마다 아이들과 함께 큰 은혜를 받았는데, 매년 함께 가시는 장로님 덕분에 은혜가 더욱 넘쳤다. 단기선교 기간 동안 매일 사역을 끝내고 저녁에 모여

각자 느낀 점을 말할 때, 그 장로님을 보며 느낀 점을 이야기하는 아이들이 빠지지 않을 정도였다.

그 장로님은 의사였는데 1년에 한 차례씩 자신의 병원 문을 닫고 함께 선교 사역에 동참하셨다. 뜨거운 여름 날, 끝이 보이지 않을 만큼 길게 늘어선 수많은 사람을 향해 매번 웃음과 기도와 눈물로 치료하시는 장로님을 보며 아이들은 변해갔다. 매년 여름, 자신도 그런 의사가 되겠다고 헌신하는 아이들이 꼭 있었다.

보여주는 것이 제일 빠르다. 교사가 삶으로 가르칠 때 가장 효과적인 교육이 이루어진다. 원하든 원하지 않든 교사는 아이들의 모델이다. 아주 작은 일까지 아이들이 보고 있다는 것을 기억하고, 좋은 모델, 삶의 롤모델이 되어주어야 한다. 자신의 삶으로 가르치는 교사야말로 가장 훌륭한 교사이자 말씀에 힘이 있는 교사다.

기본을 지켜라

아이들은 친구를 찾는 것이 아니다. 어른 중에 믿을

수 있는 사람을 찾는다. 재미있는 사람보다 신뢰할 수 있는 사람을 찾는다.

아이들과 한 약속을 중요하게 여기고, 시간을 지키는 등 작은 일에서부터 신뢰를 쌓자. 약속 날짜나 시간을 쉽게 쉽게 바꾸고, 약속 시간도 매번 늦는다면 아무리 좋은 이야기를 해도 소용없다.

모르는 것을 아는 척하지도 말고, 공연히 과장된 예화를 사용하는 것도 하지 말자. 아이들을 위해 기도하겠다고 기도제목을 받았으면, 실제로 기도해야 한다. 말로만 기도한다고 큰소리치는 것은 정직한 교사의 모습이 아니다.

아이들이 기도해달라고 했다면, 그 일은 아이들에게 그만큼 중요하다는 뜻이다. 교사가 제대로 된 기도생활을 하지 않는다면 아무리 기도해주겠다고 약속해도 쉽게 기도하기 어렵다. 그래서 교사 자신이 먼저 기도생활에 충실한지 점검해보아야 한다.

또 신앙생활이나 일상생활에도 과장이나 거짓이 없는지 돌아보아 교사로서 그 사역을 정직하게 감당해야 한다. 아이들에게 쉽게 하는 말에도 끝까지 책임질 줄 아는 정직한 교사가 되자.

기본을 지켜라.
그 모습을 아이들에게 보이는 것,
어쩌면 그것이 교육의 시작이다.

사실, 누군가에게 본이 될 만한 삶을 산다는 것은 참 어렵다. 또 우리가 노력한다고 해도 요즘 아이들의 생각은 많이 다르기 때문에 그것을 귀하게 여기지 않을 수도 있다. 그러나 그럼에도 불구하고 기본은 중요하다.

시간을 지키고, 예배를 준비하고, 공과를 준비하고, 기도하고, 아이들을 사랑하는 것. 아이들로 인하여 마음 아파하고, 눈물을 흘리며 기도하고, 주께 무릎 꿇는 사람. 지금은 어느 때보다 이런 선생님이 필요하다. 우리가 그런 선생님이 되어주자.

Q   말을 함부로 하여 마음을 어렵게 하는 선생님이 있습니
다. 게다가 아이들에게도 말을 세게 하니 걱정이 됩니다.
그런 분을 어떻게 대하면 좋을까요?

A   말을 함부로 하거나 자신의 주장만 고집하는 사람은 어떤 조
직에라도 유익하지 않다. 다른 사역에서는 그 사람이 미치는
영향이 상대적으로 적을 수 있지만, 교사는 다르다. 아이들에
게 치명적일 수 있다.
일단 사역의 질서는 교역자와 부장교사가 잡아야 한다. 교사
간의 관계는 교사들의 힘으로 풀기 어렵다. 어떤 조직이든 어
렵게 하는 사람이 있는데, 문제는 이런 사람이 아이들을 직접
가르치는 교사란 것이다. 이는 바람직하지 않다. 교사 회의에
서 다루든지 교역자와 부장교사에게 맡겨서 해결하게 해야
한다.

이상하게 가슴이 뛰었던 그날

아무런 비전과 소망이 없던 청소년 시기에 목회자로의 부르심이 있었다. 그러나 청각장애로 태어난 나는 앞으로 어떻게 살아가야 할지 막막했다. 어느 날은 교회선생님이 연합캠프에 가자고 해서 갔는데 거기서 처음 홍민기 목사님의 설교를 들었다.

설교를 듣는데 이상하게 비전이 생겼다. 그리고 그 설교를 붙잡고 기도하는데 이상하게 소망이 생겼다. 아직도 그 설교가 생생하다. '말씀이 살아 움직인다는 것이 이런 것이구나'라는 걸 체험했다.

소망이 생기면서 "하나님, 나도 홍민기 목사님처럼 쓰임 받게 해주세요!"라고 처절하게 울면서 기도했었다. 그리고 '부흥세대커뮤니티'를 만들고 캠프의 강사로 홍민기 목사님을 초청했다. 얼마나 설레고 떨렸던지.

그 이후 계속해서 목사님의 가르침과 섬김을 받으며 여기까지 오게 되었다. 목사님의 가르침이 없었다면 지금의 나는 없었을 것이다.

현재 나는 500개 이상 교회를 만나면서 대략 3만 명 이상에게 복음을 전했다. 홍민기 목사님에 비하면 비교도 안 되지만 겸손하게 천천히 하나님께 사용 받음에 감사할 뿐이다. 이는 홍민기 목사님의 책이 맺은 귀한 열매라면 열매라고 자신 있게 이야기할 수 있다.

오늘도 예배하는 다음세대에게는 소망이 있다. 🌳

본질에 힘쓰라는 당부

청년 공동체를 세우고 지금까지 10년이라는 시간 동안 사역하며 기억에 남는 순간들을 돌이켜보면, 하나님의 특별하신 인도하심과 더불어 나의 사명을 발견하도록 도와주신 많은 분의 은혜가 떠오른다.

그 가운데 홍민기 목사님이 주신 영향은 내 사역과 삶에 언제나 손꼽히는 흔적으로 깊게 남아 계속해서 이 길의 표지가 되어주고 있다.

청소년 시절, 방황과 혼란의 시기를 지나 목회자로서의 소명을 깨닫기 시작할 무렵, 책과 사역 현장에서 설교자로 만났던 목사님은 청소년들을 어떻게 대해야 하는지, 청소년 사역자는 어떤 사람이어야 하는지를 명확한 메시지와 살아오신 삶의 경험으로 일깨워 주셨다.

그렇게 내 소명의 시작에 큰 영향을 미치며 함께해주셨던 홍 목사님의 메시지는 캠프 사역을 섬기고 청년 공동체를 이끌어가는 과정 중에 본질에 대해 고민할 때마다 "주님을 사랑하는 방법은 그분의 말씀을 사랑하는 것"이라는 메시지로 내가 무엇을 우선해야 하는지에 대한 기준점이 되어주고 있다.

또한 라이트하우스무브먼트를 통해 보여주신 예배와 기도의 삶은 나에게 큰 도전과 영감을 주었다. 그 길을 걷지 않아도 될 선배 목회자가 교회와 후배들을 위해, 그리고 오직 하나님을 향한 뜨거운 열정과 사랑으로 그 길을 먼저 걸어가는 모습이 나에게 그리스도를 따르는 삶의 본을 보여주었다.

목사님이 보여주신 신실함과 헌신은 오늘날 나의 사역과 인생의 큰 축복이자 자산이다. 목사님이 이어주신 브릿지와 밝혀주신 불빛들이 나 같은 사역자뿐 아니라 수많은 청소년과 청년들의 삶을 밝히며 앞으로 나아갈 길을 비추고 있다.

뜬금없이 전화하셔서 늘 "본질에 힘써라"라고 말씀하시는 목사님이 계셔서 행복하다. 🌳

하나님 중심으로 산다

고등학교 1학년 때 가고 싶지 않았던 수련회에 반강제로 끌려갔다. 고개를 푹 숙이고 있었는데, 그때 강대상에 올라온 분은 내가 알고 있던 흔한 목회자 상과 완전히 반대되는 험상궂은 모습의 목사님이었다. 외모뿐 아니라 말씀 역시 굉장히 남다른 목사님이었다. 그런 목사님의 말씀을 듣고 나는 완전히 뒤집혔다. 그리고 그날 밤에 기도했다.

"하나님 저 목사님이 믿는 예수님을 저도 믿어 보고 싶습니다. 그리고 저도 저분처럼 청소년들을 깨우는 사람이 되고 싶습니다."

그날 내가 예수님을 만나도록 다리 역할을 해주신 분은 바로 홍민기 목사님이었다. 그리고 나는 지금 목사가 되었다. 그날 이후 홍민기 목사님은 나에게 많은 영향을 주었다. 자신의 지식을 자랑하기보다는 설교를 듣는 청중인 성도에게 눈높이를 맞춰 말씀을 전하는 자세, 험난한 다음세대 사역, 사람들에게 손가락질 당해도 포기할 수 없는 캠프 등 나는 홍민기 목사님에게 큰 영향을 받았다. 그래서 나도 홍민기 목사님처럼 성도의 눈높이에 맞게 설교하려고 하고, 험난한 다음세대 사역을 포기하지 않고 계속하고 있으며, 누가 뭐라고 하든 캠프를 놓치지 않고 있다.

홍민기 목사님을 통해 만난 가장 기억에 남는 문장이 하나 있다. 그것은 "하나님 중심"이다. 우연한 기회에 가까이에서 홍 목사님을 만난 적이 있었다. 그리고 그때 홍 목사님은 다시 내 마음에 뜨거운 불을 붙이셨다.

"다른 것에 한눈팔지 말고 쓸데없는 데 기웃거리지 말고 하나님 중심으로 본질만 붙들고 살아가라."

연약한 인간이기에 다른 것에 한눈팔고 싶을 때가 많다. 그럴 때마다 이 말씀을 늘 다시 되새기며 이를 삶으로 보여주신 홍 목사님처럼 나도 '하나님 중심'으로 살기 위해 노력한다. 🌳

교회선생님의 힘

초판 1쇄 발행	2024년 12월 13일
초판 4쇄 발행	2025년 2월 4일

지은이	홍민기

펴낸이	여진구
책임편집	이영주 박소영
편집	최현수 구주은 안수경 김도연 김아진 정아혜
책임디자인	조은혜	마영애 노지현 정은혜
홍보·외서	진효지
마케팅	김상순 강성민
제작	조영석 허병용

마케팅지원	최영배 정나영
경영지원	김혜경 김경희

303비전성경암송학교 유니게 과정
이슬비전도학교 / 303비전성경암송학교 / 303비전꿈나무장학회

펴낸곳	규장

주소 06770 서울시 서초구 매헌로 16길 20(양재2동) 규장선교센터
전화 02)578-0003   팩스 02)578-7332
이메일 kyujang0691@gmail.com
페이스북 facebook.com/kyujangbook
카카오스토리 story.kakao.com/kyujangbook
등록일 1978.8.14. 제1-22

홈페이지 www.kyujang.com
인스타그램 instagram.com/kyujang_com

책값 뒤표지에 있습니다.
ISBN 979-11-6504-583-8 03230

규 | 장 | 수 | 칙

1. 기도로 기획하고 기도로 제작한다.
2. 오직 그리스도의 성품을 사모하는 독자가 원하고 필요로 하는 책만을 출판한다.
3. 한 활자 한 문장에 온 정성을 쏟는다.
4. 성실과 정확을 생명으로 삼고 일한다.
5. 긍정적이며 적극적인 신앙과 신행일치에의 안내자의 사명을 다한다.
6. 충고와 조언을 항상 감사로 경청한다.
7. 지상목표는 문서선교에 있다.